魔法のコンパス

道なき道の歩き方

西野亮廣 著

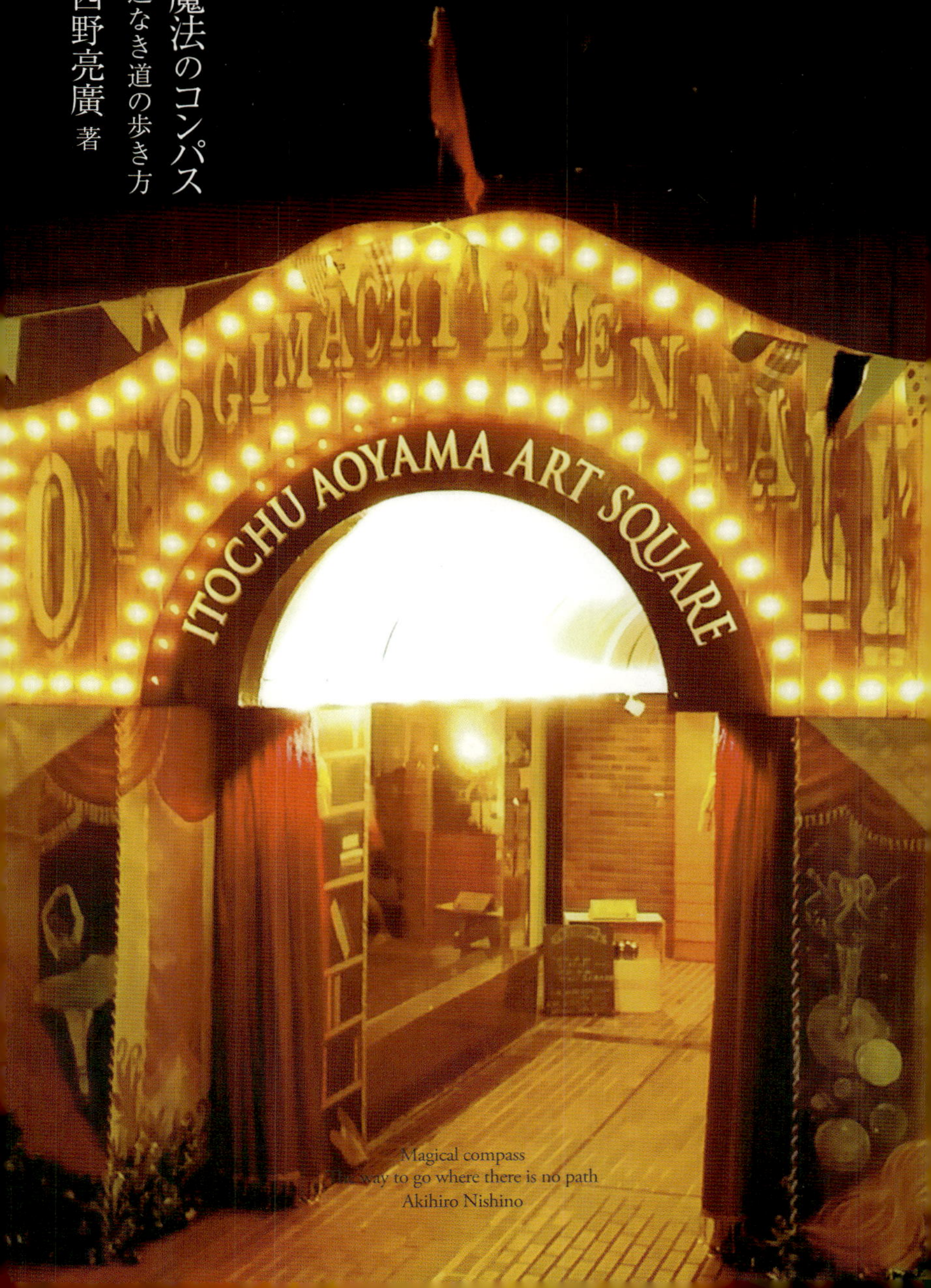

Magical compass
The way to go where there is no path
Akihiro Nishino

SHIBUYA Halloween
ゴーストバスターズ & TRASH ART

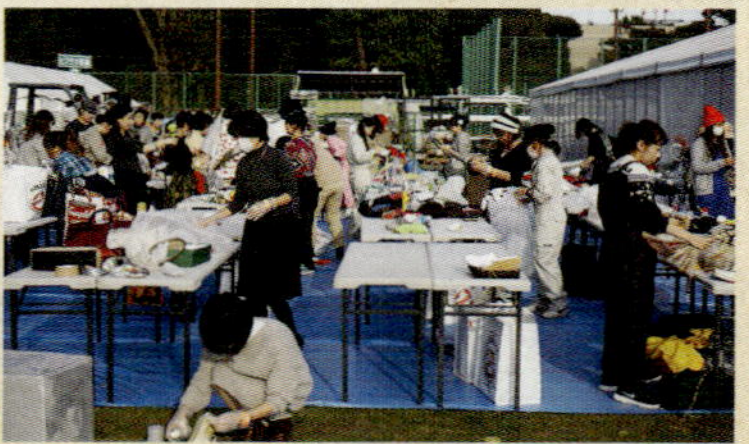

@_hikari

NY 海外個展 2015

NY 独演会

天才万博

©Ani Watanabe

サーカス

©Ani Watanabe

えんとつ町のプペル

五輪エンブレム

おとぎ町ビエンナーレ

埼玉おとぎ町

オンラインサロン

© 村田明日佳

独演会 2015

©Ani Watanabe

Magical compass
The way to go where there is no path
Akihiro Nishino

魔法のコンパス

道なき道の歩き方

西野亮廣 著

主婦と生活社

はじめに

「こういうとこ、西野、嫌いやねん。出たらええやん。（西野は）引くに引かれへんくなってるんちゃう？　『ひな壇に出えへん』とか言うてもうたから……」

これは、ラジオ番組『オールナイトニッポン』の中で、番組リスナーから届いた〈西野さんがラジオで〝スタッフの態度が気にいらなかったから27時間テレビの出演を断った〟と言っていました〉

というメールに対してのナインティナイン岡村さんの御意見。

ちなみに言っておくと、メールの内容は事実無根で、そもそも僕はラジオをやっていない。放送を聴いた時は、そりゃ驚いた。突然、通り魔に襲われた感じ。その人が自分よりも10年先輩ときた。

リスナーの釣りメールを鵜呑みにされたことはどうでもいいんだけど（まあ、どうでもよくもなかったけど）、ここで引っ掛かったのは、岡村さんの考え。

実は、岡村さんがテレビやラジオで僕の活動に言及したのは、これが初めてではなくて、毎度、発言の根っこには「芸人は皆やってるんやから、お前もやれよ」という主張があったんだよね。

大好きな先輩なんだけど、この主張には賛同できなくて、「なんで、芸人なのに、皆と同じことをやらなきゃいけないんだろう？」と僕は思っていた。

岡村さんは「芸人だから、やれ」と言い、僕は「芸人だから、ヤダ」と言う。

要するに、岡村さんと僕とでは、「芸人」の定義がそもそも違ったわけだ。

この本を読んでいただくにあたり、まずは、この「芸人」という言葉を明確に定義しておく必要があると思った。

岡村さんは、漫才をして、コントをして、グルメロケをして、クイズ番組をして、ひな壇で頑張って……という、そういった仕事をする人を〝芸人〟と呼んでいる。

つまり、ここで言う「芸人」は〝職業名〟だ。世間の皆様が考える「芸人」も、こっち（職業名）だと思う。

人それぞれ、いろんな考えがあっていいし、どこまでいっても他人の人生の責任なんてとれないのだから、否定はしない。

しかし僕の考えは、岡村さんや世間の皆様のそれとは少し違っていて、進学校を卒業し、皆が大企業に就職していく中、「俺、芸人になる」と言っちゃう奴や、あと2年も働けば退職金を貰えるのに、その日を待てずに「沖縄で喫茶店を始める！」とか言っちゃうオヤジ……そういう人達が、その瞬間にとっている〝姿勢〟および、〝そういった姿勢をとる人〟のことを「芸人」と呼んでいる。

使い方としては、音楽の「ロック」という言葉に近いかな。

エレキギターを弾いていれば「ロック」かといえば、そうではなくて、逆に、ピアノを弾いていても、フォークギターを弾いていても、「ロックだねぇ〜」と言う。

つまり、生き様や姿勢。まあ、そんな感じ。

僕は漫才もするし、コントもするし、絵本も描くし、学校も作るけど、ひな壇には出ないし、グルメ番組にも出ない。

それら全ては自分の中にある「芸人」のルールで、それに忠実に従って生きている。なんなら、「自分は誰よりも芸人」とすら思っちゃっている。

だけど、岡村さんとは、そもそも「芸人」の定義が違うから、どうにもこうにもウマが合わない。まあ、これは仕方がないよね。

本筋から外れた人を形容する時に「イタイ奴」という言葉を使うのも、「芸人」を職業名としている人達にありがちな表現で、その言葉を借りるなら、芸人とは本筋から外れた生き方の名前で、「そもそも、芸人はイタイ生き物」だと思っているので、僕は芸人を指して「あの芸人、イタイなぁ」とは言わない。言葉として矛盾しているから。

ひな壇に出る芸人がいていいし、ひな壇に出ない芸人がいてもいいんじゃないかな。

「それもいいけど、こういう〝オモシロイ〟があってもよくない？」と提案したり、時に、「アイツのやっていることは、はたして正解なのかなぁ」という議論のネタになったり、そういった、存在そのものが「質問」になっている人を僕は芸人と定義している。

まずは、そのことを踏まえて、この本を読んでいただけると、「なんで、芸人のクセに、そんなことをするの?」という寄り道をすることなく、話に入っていただけるかと思う。

僕は芸人で、とにかく面白いことをしたい。それだけ。

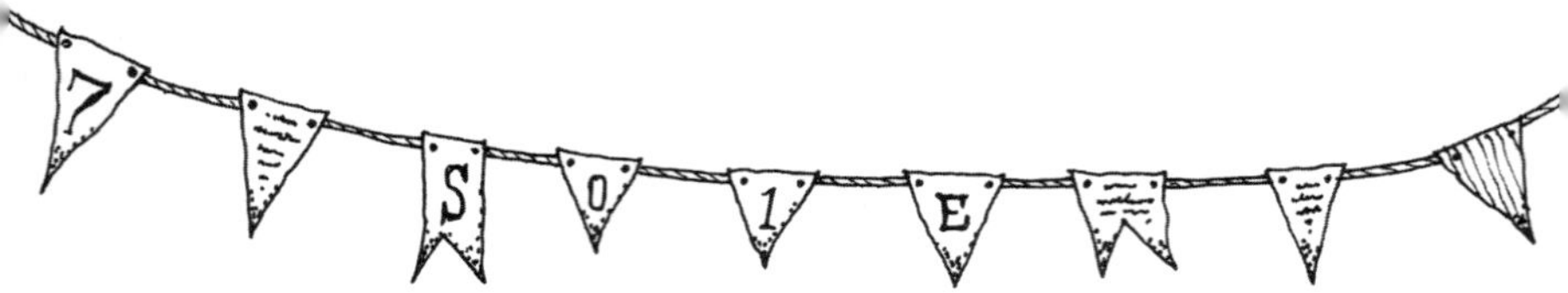

Contents
目次

はじめに　2

1章　向かい風はボーナスチャンス！

1　だから、箱根駅伝は面白くない　20
僕らの身の回りには「取りこぼし」がまだまだ間違いなく残っていて、世の中はもっと面白くなる。

2　僕は問いを持つ　26
ときどき「生きづらい世の中だ」と嘆いている人を見ると、羨ましくて仕方がない。天然でボーナスステージに立ってんじゃん。

3　はねるのトびらで見た限界　33
25歳の頃の僕は、自分を進化させるため、思い切って一番便利な部位を切り落としてみることにした。テレビだ。

4 芸人はひな壇に出ないと飯が食えないのか？ 50
10点ぐらいの能力を60点に伸ばしたところで、
プロの世界の60点は需要に繋がらない。需要が無ければ0点と一緒だ。

5 ヨットのように生きる 58
どの方向からであろうと、そこに風が吹いていれば「ごちそうさま」で、
僕らには基本的に、追い風しか吹いていない。

6 ハロウィンのゴミ問題を〝遊び〟で解決しちゃった 62
「ゴミを出すな！」と力で押し戻すのではなく、
〝ゴミがないと成立しないイベント〟を新しく作っちゃえばいい。

2章 お金の話をしよう

7 「夢を追いかけようぜ」教育の罪 72
好きなコトで生きていこうと考える人ほど、
お金と真摯に向き合うべきだ。お金の正体を把握することで、
「面白い」の選択肢が増えるから。

8 幸せなホームレスに教わった「お金の正体」 80
ホームレス小谷は、50円で1日を売り続け、「信用」を積み重ね、
何かの企画の折に立ち上げるクラウドファンディングは全戦全勝。

9 仕事サボって1000万円 88
マネタイズのタイミングを後ろにズラすと「面白い」の可能性は増える。
そして今は、それができる時代だ。

10 仕事の広げ方 93
お金を稼ごうとすると、どこから手をつけていいのか迷うけど、
信頼の面積を広げるという風に考えると霧が晴れる。

11 勝てるところで勝つ 101
通知表でいえば「オール3」という状態が最も効率が悪くて、
他の教科なんて「1」でいいので、「4」を「5」にする作業をしたほうがいい。

12 真剣に作品を売る 108
必要なモノは買うし、必要じゃないモノは買わない。ならば、
少し魔法をかけてあげて、作品を「必要なモノ」にしてあげればいい。

13 僕が田舎に豪邸が建つほどお金を払っているモノ
実は情報そのものにはそれほど価値がないんだけれど、
〝お金を払うこと〟に価値があるんじゃないかな。
116

3章 革命の起こし方

14 ＳＮＳの正しい使い方
今、ＳＮＳは拡散装置ではなく、個人と個人を繋げるツールであり、
1万人に網をかけるよりも、1対1を1万回したほうが効率が良い。
124

15 流通に乗せないＤＶＤを作って、独演会のＮＹ公演
ＤＶＤは「３０００枚売れないとペイできない」ってホント？
気になったので、製作している工場に直接電話して訊いてみた。
132

16 ネタバレと確認作業
人が時間やお金を割いて、その場に足を運ぶ動機は、いつだって
「確認作業」で、つまりネタバレしているモノにしか反応していない。
138

17 隠れテーマのある『天才万博』 143
本当に見せたいモノを2番目に置くことで、本当に見せたいモノのファン以外の人に、本当に見せたいモノを見つけてもらう。

18 世界一面白い学校『サーカス！』 149
勉強は面白い。ただ、勉強を教える先生が面白くなかった。

19 イジメの終わらせ方 156
そりゃ「イジメやめようぜ」ではイジメが無くならないわけだ。娯楽なんだもん。

20 戦争が無くならない理由 162
僕らは戦争を無くすことはできない。

21 完全分業制で作る絵本の挑戦① 169
僕の目的は、世界の誰も見たことがない圧倒的なモノを作ること。
一人で作った方が目的に近づけるならば一人で作るし、
１００人で作ったほうが目的に近づけるならば１００人で作る。

22 完全分業制で作る絵本の挑戦②
モノ作りは、つまるところ編集作業で、
だからこそ選択肢を一つでも多く持っておく必要がある。
175

23 完全分業制で作る絵本の挑戦③
基本的には、本の内容がニュースになることはないから、
本の届け方に変化をつけて、ニュースを狙いに行く。
181

24 チームの力を最大化する方法
80人近いスタッフに「指示を出さずに指示する方法」を
あれやこれやと模索して、「音楽」が持つ情報量に目をつけた。
188

25 お笑いライブで赤ん坊が泣く問題について
「子供が小さいから、ライブには行きにくい」という親御さんも、育児に疲れて
ライブに逃げ込む親御さんもいる。何かいい方法はないかなぁ？
193

26 「子供向けですか？」と訊く親について
親や先生が考えている「子供向け」というのは、
「子供なら、こういうものを好きであってほしい」というエゴなんだよね。
202

27 授業中のスマホ使用禁止は時代錯誤 209
学校の先生はスマホ禁止なんかしている暇があったら、スマホと共存できるスキルを身に付けといたほうがいいんじゃないかな。

28 パクリの線引き 220
佐野さんの五輪エンブレムのデザインに関しては、書体を元ネタにしてしまったことから起こった「事故」だと思っている。

29 五輪エンブレムと「マズ味調味料」 228
物事を効率よく拡散させるには反対意見が必要。だから仕上げに、反対意見を生む「マズ味調味料」をふりかける。

30 『負けエンブレム展』の意外な結末 238
『負けエンブレム展』を発表したらブログのPV数は90万に。新聞やテレビでも話題となり、民放全局を巻き込んで記者会見まで開いた。

31 「空気を読む」の価値 244
空気なんて読めて当たり前。人が多いほうを選べばいいだけだから。ただ、「空気を読む」という行為が、正解か？ となると、それは、また別次元の話。

4章 未来の話をしよう

32 セカンドクリエイター時代 250
セカンドクリエイターが人口爆発を起こしていて、
その数は、いわゆる純粋な受け手を食わんとする勢い。

33 マイナスをデザインする 255
お客さんの胸を躍らすために大切なのは、プラスを追い求めることは
もちろん、〝マイナスをデザインすること〟がカギになってくる。

34 ファンクラブの必要性 261
昔のように、テレビへの露出と集客が比例しなくなってきている。
だからこそ、ファンクラブの有無を、見直す時期にきている。

35 スナックは最先端のエンタメ 268
国民全員が情報を発信できるようになった
セカンドクリエイター時代に求められるのは、「待ち合わせ場所」だ。

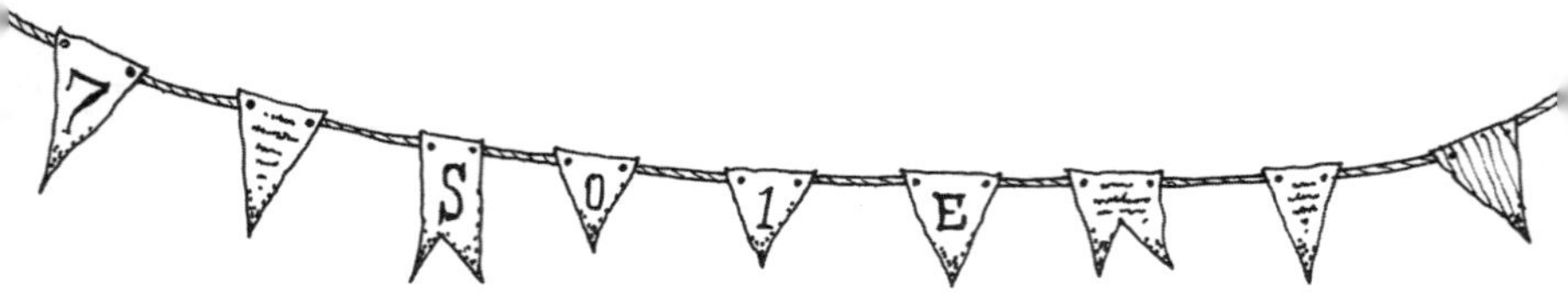

36 テレビCMについて
「続きは……CMの後で！」からの、「ズコーッ！」「ここでCMかよぉ〜！」というノリ。何十年も続いているけれど、あれは激しく間違っている。

273

37 お笑い芸人がライブで食っていけない理由
独演会のお客さんが終演後に近所の居酒屋で呑んでいるツイートを見つけてしまった。なぜ、こんな当たり前のことに今まで気付かなかったのだろう？

280

38 集客のこと
なんばグランド花月と歌舞伎座の共通点は「お客さんの1日をコーディネートできている」ということ。

292

39 ライバルはAEON
『おとぎ町』の実現は僕の最大の目標で、ライブを中心に置いた経済圏を作ってしまえば、ライブのチケット代をゼロ円にすることができる。

299

40 おとぎ町ビエンナーレ
「町を作らなきゃ未来がない」と言い続けていたら、ある時、青山にある伊藤忠商事さんの本社に呼び出された。

307

41 埼玉に『おとぎ町』 314

「町を作る」と言い続けては叩かれ続けていたけれど、
僕も、僕の周りの連中も伊達や酔狂じゃなく大真面目。

42 時代が次に求めるモノ 319

安全も、お金も食も高度なシステムも手に入れて、みんなコミュ障になった。
この国の国民が次に求めるものは「ネタ」。

43 仕事になるまで遊べ 324

今後、親が子どもに言うのは「遊んでばかりいちゃいけません」
じゃなくて、「仕事になるまで遊びなさい!」だね。どうやら面白い未来が待ってるよ。

おわりに 331

1章　向かい風はボーナスチャンス！

1

だから、箱根駅伝は面白くない

僕らの身の回りには
「取りこぼし」がまだまだ
間違いなく残っていて、
世の中はもっと面白くなる。

箱根駅伝のランナーの皆さんは、時速20キロで走っているらしい。

時速20キロというのは、50メートルを9秒。そのペースで、ずーっと、だ。超人すぎるぜ。

しかし、箱根駅伝のテレビ中継で語られるのは、どこの大学が勝っているのか、またはタスキが途絶えた途絶えないウンヌンカンヌンで、ランナーの超人的なスピードが語られることは、あまりない。

ときどき、「区間記録が出ました！」とアナウンサーが叫んでいるが、あくまで数字上での話で、画面から、そのスピードは伝わってこない。

どうして、あのスピードが画面から伝わってこないのだろうか？

スピードが伝わったほうが絶対にイイじゃん。なのに、なんで？

まず、ランナーの表情を撮るために、テレビカメラはランナーの真正面に構えている。そして、ランナーと同じスピードで後ろに下がるもんだから、どうしてもスピードが伝わりにくい。ときどき、横からのカットが入るので、その時に流れる後ろの景色で、ようやくスピードが伝わる。が、ほとんどは正面から。しかたないよね。ランナーの表情が見たいんだもん。

というわけで、カメラ位置を咎めてもしかたない。

ダラダラと長くなりそうなので、結論を言っちゃう。

箱根駅伝のランナーのスピード感を殺し、箱根駅伝自体の面白さを殺している犯人は、カメラとランナーの間にいる白バイのオッサンだ。

最高速度２００キロ以上出る白バイからしてみれば、時速20キロなんてヨチヨチ歩きで、白バイのオッサンは常に余裕の表情である。汗ひとつ流さず、実に涼しそう。いや、むしろ、退屈そうだ。この期に及んで、退屈そうなのだ。

画面から伝わるはずのランナーのスピードを殺していた犯人はコイツ。

白バイのオッサンの表情である。

ここを改善すれば、ランナーのスピードが画面から伝わり、箱根駅伝が、もっと面白くなるに違いない。では、どうすればいいか？

答えは簡単。

白バイのオッサンには、白バイを降りていただき、代わりにママチャリ（お母さん専用自転車）に乗ってもらおうではないか。

自転車といえど、時速20キロで走るのは至難の業だ。しかもそのペースを維持しなければならない。当然、白バイのオッサンあらため、ママチャリのオッサンは、汗をほとばしらせ、鬼の形相になる。それでいい。それがいい。

「あの鬼の形相で激走しているママチャリのオッサンに、ついていってるってことは、ランナーはとんでもねぇスピードなんじゃね？」という算段だ。

箱根駅伝を、より面白くするカギは「白バイのママチャリ化」だったのだ。

超人を、超人たらしめるには、基準となる凡人の存在が必要不可欠。

そんなことを考えながら、ＹｏｕＴｕｂｅの動画を漁っていたら、見つけてしまった『チェ・ホンマンvsボブ・サップ』のモンスター対決。

チェ・ホンマンの身長が2メートル18センチ、ボブ・サップの身長が2メートル。〝前代未聞、規格外の殴り合い〟が、この試合の見所である。

しかし、画面から、そのモンスターすぎるサイズ感がイマイチ伝わってこない。「ていうか、あの二人、本当に大きいの？」と疑いたくなるほど。その原因は、すぐ近くにあった。

チェ・ホンマンvsボブ・サップ戦のレフェリーの身長が、ボブ・サップぐらいあるのである。

ナンテコッタイ。レフェリーまでモンスターサイズなのだ。

これを、どう改善すればいいかは、説明するまでもないだろう。

こういった〝取りこぼし〟が、僕らの身の回りには間違いなくまだまだ残っていて、世の中はもっと面白くなる。

2

僕は問いを持つ

ときどき「生きづらい世の中だ」と嘆いている人を見ると、羨ましくて仕方がない。天然でボーナスステージに立ってんじゃん。

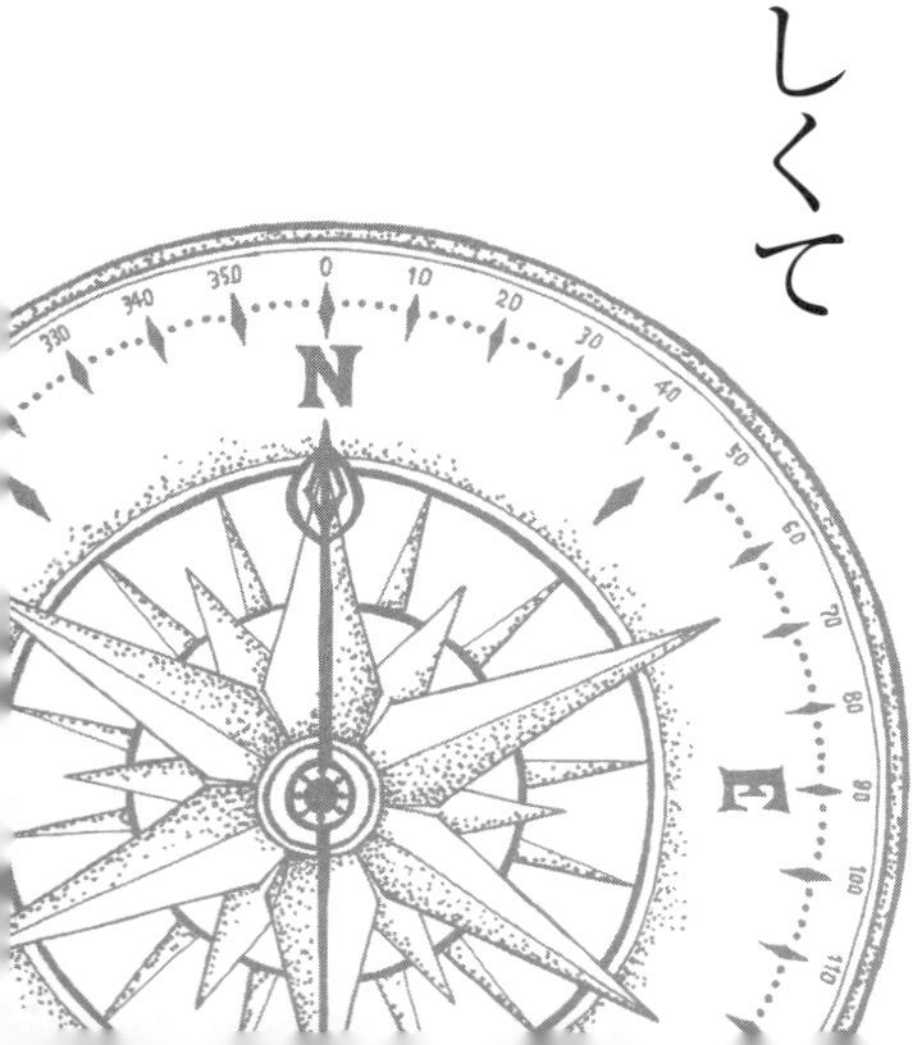

まず、大切なのは、「問い」を持つことじゃないかな。

「箱根駅伝のランナーの速さはどうして伝わらないの？」や「チェ・ホンマンvsボブ・サップ戦のサイズ感が伝わってこない理由は何なの？」といった「問い」。

とにもかくにも、この「問い」を持つ癖を身につけなければ、面白いことは何ひとつ始まらない。

しかし、だ。

箱根駅伝や格闘技のそれといった比較的ライトな「問い」はさておき、やっかいなことに、自分の人生を賭けるほどの「問い」……たとえば、「遠くにいる人と会話することはできないの？」というような「壮大な問い」は、自分にとって〝居心地が良い場所〟にはあまり落ちていない。

なぜ、自分がいる場所の居心地が良いかというと、以前、この場所にあった「壮大な問い」を、すでに誰かが解決してくれたからだ。

1876年にアメリカのグラハム・ベルが電話を発明しちゃったから、「遠くにいる人と会話することはできないの？」という「問い」は、もう生まれない。

つまり、人生を賭けるほどの「問い」を見つけるには、居心地の悪い場所に立つ必要がある、というか居心地の悪い場所に立ったほうが「問い」が見つかりやすい。


僕は、「やりたいことが見つからない」という相談を受けた時には必ず、「僕なら、3キロのダイエットをして、その体重を維持してみるよ」と返すようにしている。

3キロ痩せるには食生活を改めなきゃいけないし、そして痩せたまま体重を維持するには帰り道は一駅手前で降りて歩かなきゃいけないかもしれない。面倒だし、あまり居心地が良いとは言えないよね。

ただ、それによって何が変わるかというと、入ってくる情報が違ってくる。ここが大事。

スーパーで食品を手に取る時に、これまで気にしなかったカロリー表示を見る。カロリーが低いものを選んでいくうちに、買い物カゴには、やけに味気のないものばかりが積まれていって、「あぁ、肉、食いてぇなぁ。野菜よりカロリーの低い肉はないのかなぁ?」と、そこで「問い」が生まれる。

帰り道、ダイエットのために一駅手前で降りて、家まで歩いてみる。その道すがら、まるで流行っていない英会話教室を見つけることもあるだろう。

その時に、「あの英会話教室は、なんで流行ってないのかな?」という「問い」が生まれる。「教え方かな? 立地かな? 看板のデザインかな?」といった感じで「問い」がドンドンと。

それもこれも、一駅分歩いていなければ出会わなかった「問い」だ。

ダイエットという、居心地の悪い場所に身を投じなければ、出会わなかった「問い」。

人生を賭けるほどの「問い」は、そんなところに潜んでいる。

だから、ときどき「生きづらい世の中だ」と嘆いている人を見ると、羨ましくて仕方がない。「何故、生きづらいのか?」「それを改善するためにはどうすればいいのか?」といった「問い」に囲まれているわけだ。天然でボーナスステージに立ってんじゃん。

「問い」には必ず「答え」が埋まっている。

「どうすれば、交通事故が無くなるんだろう?」や「雨の日が待ち遠しくなるようなアイデアは何だろう？」といった、長年、答えが出ていない「問い」にも必ず。

僕は、ある時、「お笑い芸人が、ひな壇に参加せずに生きていくためにはどうすればいいだろう？」という「問い」を持ち、その「問い」に人生を賭けてみることにした。

「ああでもない、こうでもない」という試行錯誤の日々は、もちろん不安と隣り合わせなんだけど、たとえ「問い」を持たずに生きていても、どのみち不安は隣に寄り添っているし、さらには次から次へと現れてくる「答え」を出す人々に嫉妬を繰り返しながら年老いていく人生になるだろうな、と思って「問い」を持つ人生を選んだ。

とにもかくにも、まず「問い」を持つ。

「問い」を持つために、「問い」が落ちている場所に行く。

皆がいるような整地された場所には、あまり落ちていないから、誰も踏み入れていないような足場の悪い場所に行く。まずは、その場所に行くところから。

……という話を相方の梶原君に話したところ、「問いストーリーやん」と返ってきたので、明日、解散します。16年間のご声援、ありがとうございました。

3
はねるのトびらで見た限界

25歳の頃の僕は、自分を進化させるため、思い切って一番便利な部位を切り落としてみることにした。

テレビだ。

冒頭から、僕の考えだけをダラダラと聞かされて、そろそろウサンくさい自己啓発本っぽくなってきたので、ここらで僕が実際におこなったアレコレについて話したい。

ちなみに路上で色紙に名言を書いて売っている、相田みつをのコピペみたいなヤツが嫌いです。僕は体験談しか信用しないのです。

20歳の頃にフジテレビの東京ローカルで深夜番組『はねるのトびら』がスタートした。あまり知られていないけど、この番組のレギュラーの座をかけて全国各地で大規模なオーディションがおこなわれ、1年目～10年目ぐらいの若手芸人は全員この番組のオーディションに参加した。

『はねるのトびら』は、『夢で逢えたら』（ダウンタウンさんやウッチャンナンチャンさんなどが出演）や『とぶくすり』（後に『めちゃイケ』）を例に出し、「お笑い界のビッグスターは8年ごとに誕生する」という〝お笑い8年周期説〟に則ってスタートさせようとしていた番組。

その時のフジテレビの本気っぷりは、当時芸歴1年目だった最底辺の僕にまでビシバシと伝わってきた。

全国オーディションを勝ち抜いた50組が、そこから更に『新しい波8』という新人発掘番組で1年間かけて5組に絞られ、めでたく「はねトびメンバー」が決まった。

メンバーに選ばれた僕は有頂天。

右も左も分からない芸歴1年目なもんで、「この番組を全国ネットのゴールデンに上げて人気番組に押しあげたら、僕もスターになれる」と信じて疑わなかった。

たとえ、芸人としてはオイシクナイ役回りであろうと、「番組がゴールデンに上がって、スターになるためなら」と、率先してやり続けた。

僕にあたえられたポジションは「まわし」で、画面の真ん中に立っているけど、芸人としてオイシイかどうかは微妙なところ。

というのも、『はねるのトびら』では、「ボケ役」と「ツッコミ役」を明確に分けて、「この人が変な人で、この人は普通の人」と、わかりやすいキャラ設定があり、「まわし」役は、「普通の人」。つまり、基準になる人だ。

『チェ・ホンマンvsボブ・サップ戦』で喩えるなら、僕はレフェリーで、身長が低ければ低いほど周りが引き立つ。

てなわけで、番組を演出するディレクターからは徹底して「普通の人」を演じるように指示されていた。

近くに海があれば「皆さん、気をつけてください」とアナウンスをし、お葬式のシーンでは「静かにしようぜ」とアナウンスをする。一見すると、芸人のクセに真面目で面白くない奴なんだけど、そのアナウンスに含まれているのは、「海に落ちてね」「屁の一発でもこいてね」というパス。『はねるのトびら』はチームプレイだった。

正直な話、そりゃ芸人だったら、自分が海に落ちたいし、屁の一発でもこいて怒られたい。しかしフリ（基準になる人）がないと、オチ（ボケ役の人）が輝かないことは分かっていたし、なにより、『はねるのトびら』をゴールデンに上げて人気番組にまで成長させたら、自分もダウンタウンさんやナインティナインさんのようなスターになれると信じていたので、自分よりも番組を優先した。

あと、どこかで「とは言え、視聴者の皆さんも（チームプレイだということは）踏まえた上で観てくれているよね？」という考えもあった。

しかし、その考えは脆くも崩れ去る。

『27時間テレビ』で、自分達が担当するゲームコーナーのゲストに明石家さんまさんをお招きした時の話だ。

「キムタク」や「ミニスカ」といった省略語の元になった言葉を、リズムに合わせて答えていくという単純なゲーム。

生放送だったが、「明石家さんまを中心とした芸人チームが、僕の進行をトコトン邪魔して、結局、ゲームができなかった」という、「こういう流れになればいいな」的なザックリとした台本があって、皆、そのゴールに向かっていた。

当然、僕は「説明を聞いてください！」「真面目にゲームをしましょう！」と叫ぶが、明石家さんまさんを中心とした芸人チームは、説明中に僕の前を無意味に横切ったり、「ごめん、聞いてなかった」と、とにかく茶化す、茶化す。

僕は「もう！　もう一回説明するから、次はちゃんと聞いてくださいよ！　じゃないと、いつまでたってもゲームが始まりませんよ！」と憤る。もちろん、憤るところまでをひっくるめたチームプレイだ。

結果、当初の目標は達成され、スタジオは沸きに沸き、生放送中に一度もゲームをすることなく、「さんまさんが喋りすぎたせいでゲームができなかった」という着地が見事に決まった。

出演者もスタッフも、全員が「よしよし、上手くいった」という感じでスタジオを出たところ、視聴者の方から山のような数のＦＡＸが届いていて、そのほとんどが「何故、西野は、そんなにゲームをしたいんだ!?」という内容だった。

中には、「そんなにゲームをしたいなら、芸人を辞めてゲーマーになれ！」というものも。これには驚き鼻血が出た（※驚いた時に噴き出る鼻血のこと）。

僕のことを嫌いな人達が反応しているだけだ、と思いたかったが、都内にお住まいの60代女性から「お一方だけ、ゲームに精を出そうとするあまり、芸人の本分である〝お笑い〟をないがしろにされている方がいて、不愉快でした」と、震えるほど丁重に殺された。

もちろん僕はゲームをしたかったわけではない。お笑いをしたいからゲームをしようとしていたのだ。お茶の間には「暗黙の了解」などというものは存在せず、想像以上に額面通りに伝わってしまうことを知った。

「なんで分かってくれないんだよ」と思ったが、そういえば子供の頃、いかりや長介が嫌いだった。だって真面目なことばっかり言って、面白いカトちゃんケンちゃんの邪魔ばかりするんだもん。因果応報である。

そんなことがありながらも、「それで番組がゴールデンに上がるならば」と風雪に耐え、僕が25歳になった頃、ついに番組は全国ネットのゴールデンタイムに進出。視聴率は毎週20％を超えていた。

それに引っ張られるように、他局でも、朝から深夜まで自分達の冠番組を何本も持った。

思い描いていた結果が最高の形で出た。が、「では自分がスターになったか？」と訊かれれば、全然そんなことはなかった。

収入も増えたし、知名度も上がったし、「人気タレント」と紹介されても恥ずかしくはない位置には立てたと思うんだけど、「スター」にはなっていなかった。僕が右を向けば、世間が右を向くようなスターに。

上には、ダウンタウンさんやタモリさんやたけしさんや明石家さんまさんが、以前と変わらずにいた。

世界は驚くほど変わらなかったのだ。

打席には立たせてもらっていたし、瞬間最大風速は吹いていたのに、だ。

それを「贅沢」と言う人もいるけれど、そこで僕が見たのは絶望とも呼べる景色だった。

もし、売れていなかったら「俺は打席に立たせてもらえれば、ホームランを打てる」という言い訳もできたんだけど、間違いなく売れていたし、この上ない状況で打席に立たせてもらっていたし、ありえないぐらいの追い風が吹いている中で、ホームランが打てなかったのだ。言い訳の余地がない。次に打つ手がない。

「綺麗な子が好き」という情報を聞きつけた恋する女の子が、ダイエットに成功して、お料理もマスターして、ネイルも綺麗にして、ヘアメイクもオシャレもバッチリ決めて、万全を尽くした状態で意中の男性に告白したら、「ごめん。俺、ゲイ」と返された感じ。「いや、もう絶対に無理じゃん」的状況。

すべての条件が整った上で、「スターになる」という結果が出せなかったわけだ。

だからこそ、「いや、このタイミングでスターにならなかったら、俺、いつなるの?」と、仕事の好調ぶりとは裏腹に、精神的には随分落ち込んだ（2日ほど）。

『はねるのトびら』は、ゴールデンに上がったあと、6年間続いたが、ゴールデンに上がった瞬間に「スターを誕生させる」という意味での勝負はついていた。ザックリ言うと負けちゃったわけだ。もちろんスタッフさんには何の罪もない。

連日、眠い目をこすって動いてくださっていたのを見ていた。デビューまもないニキビ面を拾って、ゴールデン番組まで押し上げてくださったことを今でも本当に感謝している。

原因は僕だね。

たしかに、他のメンバーの〝フリ役〟に徹することを言われ続けてきたけど、今思うと、そこにかまけていた部分があったのかもしれない。

まあ、それも結果論だ。あの時は全力だったし。結果が全てで、

「結果を出せなかった」というのが答えだ。

ただ、だからと言って、「ああ、俺はスターになれない男なんだなぁ」と折り合いをつけられるほど、僕は大人ではない。

次の瞬間に考えたのは、「じゃあ、どうすれば、ここからスターになれるか？」ということ。とにかく諦めの悪い男なのである。

さて。

八方手を尽くし、散々っぱら結果を出した上でスターになれなかったのだから、酷だけど、自分がスターになれない人間だということは認めなければならない。

それでもスターになりたいのであれば、今の自分ではない何者かになる必要がある。いわば、「種の変更」。

それは、魚が鳥になるようなムチャクチャな話で、身体の形をゴッソリ変えるということ。

その時、僕がとった方法は「一番便利な部位を切り落とす」というヤリ方。

はやい話、自分が全てにおいて40点で、何も突き抜けた部分がない平凡な人間であれば、皆が使っている一番便利な部位……たとえば「腕」を切り落としてしまう。

皆が使っている一番便利な部位は、当然、自分にとっても便利な部位なので、そこを切り落としてしまうと、最初は、それはそれは苦労するけれど、僕らは動物で、それでも生きようとするから、3年後には、コップぐらいなら足で持てるようになる。腕を切り落とさなかったら起きなかった進化だ。

足でコップを持てる奴なんて、そうそういないから、「アイツ、足でコップを持てるらしいよ」と、この時、初めて自分に視線が集まる。

そこで25歳の頃の僕は、自分を進化させるため、思い切って一番便利な部位を切り落としてみることにした。

テレビだ。

梶原とマネージャーと吉本興業の偉くてエロいオジサン連中を呼びだして、「レギュラー番組以外のテレビの仕事を全部やめる」という話をした。

当然、皆ひっくり返って、「何言ってんの？　今一番良いじゃん！なんで、このタイミングで!?」と説教をくらったけど、「一番良くてコレだから、やめる」と返事して、屁をこいて逃げた。

レギュラー番組以外の仕事を全部やめることは、腕を切り落とすような強引なやり方だけれど、そのことによって、身体のどこかが極端に進化すれば、希望の光が射すのではないか。そんな淡い期待を込めての決断だった。

レギュラー番組以外のテレビの仕事を全部やめるという選択は、「新しい繋がりを切る」ということで、他所で何かをヒットさせない限り、レギュラー番組の消滅と同時に自分の活動が先細りしていくことを意味していた。

だけど、そうでもしないと、何者にもならないまま死んでしまうという焦りがあった。

時々、「『はねるのトびら』が終わった時、どういう心境でしたか？」という質問をされることがあるけれど、心境と環境の変化があったのは、番組が終わった時ではなく、番組がゴールデンに上がって結果を出して、僕自身の結果が出なかった、25歳のあのタイミングだった。

そんでもって絵を描き始めたのは、ちょうどその頃。この話は、また後ほど。

4

芸人はひな壇に出ないと飯が食えないのか?

10点ぐらいの能力を60点に伸ばしたところで、
プロの世界の60点は
需要に繋がらない。
需要が無ければ0点と一緒だ。

レギュラー番組以外のテレビの仕事を全て切り落として以降、僕は、〝芸人はひな壇に出ないと飯が食えないのか?〟という問いの答えを探した。

ちなみに、ここでいう「ひな壇」は、もちろんテレビの「ひな壇」の話。

「ひな壇」というスタイルは、1985年にスタートした『天才・たけしの元気が出るテレビ!!』の頃からあって、ただ、その頃は単に「ひな壇状」に出演者席が配置されていただけで、まだ「ひな壇」という名はついていなかったらしい。

おそらく、『ダウンタウンDX』あたりから「ひな壇状」の座席配置がバラエティー番組のスタンダードになりはじめて、『アメトーーク!』で「ひな壇芸人」という名前がついて、ガチャコンッと大完成した感じ。

飄々《ひょうひょう》とした表情で「ひな壇」に座っているタレントさんは、0コンマ何秒を争う居合抜きの達人のような人ばかりで、皆、とんでもない才能。

そんな中、僕の「ひな壇」の戦績はというと、デビュー当時から連戦連敗。まるで白星が付かなかった。向いてなかったんだね。

「それでも、その中で努力しろよ」と叱られたらそれまでなんだけど、10点ぐらいの能力を60点に伸ばしたところで、プロの世界の60点は需要に繋がらない。

需要が無ければ0点と一緒だ。

ならば、「ひな壇」の能力は10点どころか0点でいいから、その能力を伸ばす時間を、どこかに埋まっている自分の70点の能力を120点まで伸ばす作業に回そうと思った。

つまり、早々に「ひな壇」に白旗を上げちゃったわけだ。

そんなこんなで25歳の頃に「僕は、ひな壇では勝てないから、ひな壇に出ません」と宣言したところ、ネットニュースお得意の切り取りハラスメントに遭った。

「ひな壇では勝てないから」の部分が切られ、「キンコン西野『俺はひな壇に出ない』」というタイトルが付けられ、それがどんどん脚色されて、ついには「キンコン西野、ひな壇批判！」というタイトルになった。

そのニュースを鵜呑みにした先輩方からは当時ずいぶん怒られて、「いや、違うんですよ。あれはですね……」と、地獄的に面倒くさかった。

もっとも、ニュースの一件がなかったとしても、どこからか「皆やってるんだから、やれよ」という謎の仲間意識が発動して、「そうだそうだ！　何、カッコつけてんだ！」と、やっぱり面倒くさいことになっていたと思う。

ザックリ言うと僕が「ひな壇」から退いた経緯はそんな感じ。早々に白旗を上げて、同業者や世間からバッシングを浴びた。

そんでもって、ここからは僕個人の「ひな壇」の話ではなくて、テレビ全体の「ひな壇」の話。

結論から言うと、まもなく、ほとんどの「ひな壇」は無くなると思う。

あいかわらず「ひな壇」はメチャクチャ面白いんだけれど、面白さとは別の理由で無くなると思う。

「何故、無くなるか?」を語る前に、「そもそも、1985年から存在していたものが、何故、急激に広まったか?」を考えたら、より分かりやすいかもしれない。

テレビの「ひな壇」が盛り上がりだした時、どんな時代だったか?「ひな壇」の盛り上がりと時を同じくして、薄型テレビが急激に普及し始め、皆、テレビのサイズをステータスとした。

「こいつの家のテレビ、40インチらしいぜ」

「いやいや、それでいったら、あいつの家は、50インチ!」

「スッゲーなー。大成功してんじゃん!」

といった感じで競ったわけだ。

薄型テレビが急激に普及し、テレビ画面の面積が拡大した。そうなってくると、登場人物が多くないと画面がスカスカになって据わり(バランス)が悪くなる。

その時に、「ひな壇」という、そもそもメチャクチャ面白い仕組みがマッチしたというわけ。

ただ、今の若い子はテレビをつけない。一人暮らしだと、そもそも家にテレビがなかったりする。

じゃあ、「テレビ番組を観ないか？」というと、そうではなくて、相変わらずテレビ番組は観るんだけれど、ハード（受像機）としてのテレビは使わず、スマホで観ている。テレビ番組を観るためのメインのデバイスが変わったわけだ。

スマホの画面の面積なんて、一辺が10㎝もないから、その時、登場人物が多い「ひな壇」は、単純に〝ゴチャゴチャして見にくい〟。「面白い・面白くない」ではなく、見にくい。これは「面積」の問題。

「ひな壇」はテクノロジーに殺されるんじゃないかな？

スマホで番組を観るなら、登場人物は1人か、せいぜい2人がベスト。

だから、ＹｏｕＴｕｂｅｒが重宝される。

芸人でいえば、次は落語家さんの時代じゃないかな。

これから先、テレビ番組の登場人物は減り、チームプレイは減り、個で成立する人が残っていくと思う。

そういう時代が本格的に来るのは、まだもう少し先だとは思うけど、「ひな壇」に白旗を上げてタップリ時間が余っているので、とりあえず対応できる身体は作っておこうと思ってます。

5

ヨットのように生きる

どの方向からであろうと、そこに風が吹いていれば「ごちそうさま」で、僕らには基本的に、追い風しか吹いていない。

さて。「問い」が見つかったら、次は、「問い」の答え方。

その方法は、人それぞれあるとは思うけど、僕は常に〝ヨットのように進む〟ことを心掛けている。はてさて、どういうことか?

ヨットは風を利用して前に進んでいる。

追い風の時はもちろん、向かい風であろうと、帆の傾け方次第で前に進むことができる。

やっかいなのは「無風状態」の時で、この時ばかりはニッチもサッチもいかず、手漕ぎでエッサホイサしなくちゃいけない。大変な労力だ。

これを自分の人生や企画に置き換えてみた時に、ヨットというのは自分自身で、風は、その時の状況だ。
追い風は「背が高い」「頭が良い」「運動神経が良い」「お金持ち」

といった才能であり、向かい風は「背が低い」「頭が悪い」「運動音痴」「貧乏」とか……まあ、ザックリ言ってしまえば、「嫌なこと」だね。

多くの人は、この「嫌なこと」を消そうとする。理由は「だって嫌だから」。

気持ちはすご〜く分かるんだけど、どっこい、ヨットの理屈で考えると、その「嫌なこと」は向かい風で、やはりこれも前に進む力となる。

感情に任せて「嫌なこと」を消した先に何が待っているかというと、「無風状態」で、実は、その状態が一番やっかいだ。何の後押しもなく、手漕ぎでエッサホイサといかないといけなくなるから。

この「向かい風も追い風」という感覚は常に持っておいたほうがい

いと思う。それだけで、自分がどこに力を入れたらよいか、が明確になってくる。

とにもかくにも向かい風を消すなんて、もったいない。

どの方向からであろうと、そこに風が吹いていれば「ごちそうさま」で、基本的に僕らには常に追い風しか吹いていない。

こんなにラッキーなことはない。そいつを使っちゃおうぜ、という話。

6

ハロウィンのゴミ問題を〝遊び〟で解決しちゃった

「ゴミを出すな！」と
力で押し戻すのではなく、
〝ゴミがないと成立しないイベント〟を
新しく作っちゃえばいい。

この向かい風を分かりやすく利用したのが、２０１５年のハロウィンで仕掛けた〝ゴミ拾いイベント〟だ。

インスタグラムなどの写真特化型のＳＮＳの盛り上がりも手伝って、猛スピードで日本に定着したハロウィンパーティーという名の大コスプレ大会。

こうなってくると、本音は「ただハシャいでいる奴らがムカつく」のクセに、「ハロウィンというのは、そもそも収穫祭であり、大人がコスプレをするような……」とウィキペディアで調べたような浅い知識でもって、苦言を呈する正論ジジイが必ず大量発生する。

「そもそも論」を言っちゃうと、日本の祭りなんて、ほとんど中国から来たもので、それを日本仕様にカスタムしたのが今だ。節分や七夕なんかも、もともとは中国の習俗だ。ウィキペディアで調べたので間違いない。

日本は神も仏もいるウェルカム国家であり、節操などなく、クリスマスは恋人達の祭典で、ハロウィンはコスプレ大会でいいじゃないか。ジジイの小言には適当に蓋をして、日本のハロウィンはコスプレ大会として、どんどん盛り上がっていけばいい。

ただ、祭りには必ずゴミの問題が付いてまわる。

事実、２０１４年のハロウィン翌朝の渋谷は悲惨だった。

ハロウィンパーティーで渋谷に集まった人々が捨てたゴミで、地獄的に汚れてしまった街は、新聞に取り上げられ、ワイドショーに取り上げられ、SNSで拡散され、そのネガティブニュースは、ついに海外にまで飛んでいってしまった。

テレビをつければコメンテーターがこぞって「ゴミは自分で持ち帰

れ」だの「モラルが欠落している」だの、まぁ、やいのやいの言ったが、このゴミ問題はヨットの理論でいうとモーレツな向かい風。

ここまでの強風を消してしまうのは賢くない。

上手く消せても元の場所に戻るだけで、前進はしない。

ゴミが出てしまうなら、ハロウィン当日に「ゴミを出すな」と力で押し戻すのではなく、ゴミが出ることを逆手にとって、ハロウィン翌朝に〝ゴミがないと成立しないイベント〟を新しく作っちゃえばいい。ゴミがあればあるほど盛り上がるイベントを。

ハロウィンの夜に街を徘徊するのはオバケだ。そのオバケが、バカみたいな量のゴミを残していく。このオバケの残骸を退治するのは彼等しかいない。

オバケ退治のプロ集団『ゴーストバスターズ』である。

というわけで、「ハロウィンの翌朝6時に、ゴーストバスターズのコスプレをして、ハチ公前に集合。ゴミ拾いしようぜ」とツイッターで呼びかけてみた。

ハロウィン当日はちょうど、毎年12万人以上を動員する『東京デザインウィーク』という国内最大級のクリエイティブフェスの期間中だったので、理事の権力をフルに利用して（そう。実は俺、理事！）、集めたゴミを『東京デザインウィーク』の会場に運び、そのゴミを使って巨大なトラッシュアート『ゴミの木』を作ることにした。

落とし所をアート作品にすることで「ゴミ拾い」から、「アート作品の材料集め」に目的が変わる。つまりボランティアで〝良いこと〟をするわけではなくて、〝遊んだ結果、良いことになっちゃってた〟という流れ。

そして、何年後になるか分からないけれど、毎年作っている『ゴミの木』が、いつか、「今年は材料が足りなかったので木が枯れている」となれば物語として素晴らしい。

『渋谷ハロウィンゴーストバスターズ』と銘打ったこのイベントはトントン拍子に話が進み、ゴミを拾う５００人のボランティアスタッフと、拾ったゴミでトラッシュアートを作る１００人のボランティアスタッフは一瞬で定員に達した。

渋谷区の全面協力を得たほか、東急電鉄さん、西武デパートさん、ボランティアスタッフがゴミを入れる用のトートバッグ（ゴーストバスターズのロゴ入り）５００個を提供してくださったＲＯＯＴＯＴＥさんや、背中に背負う用の掃除機を提供してくださったダイソンさん、さらには本家『ゴーストバスターズ』のソニー・ピクチャーズさんなど、本当にたくさんの方々の援護射撃のもと、総勢700人による渋谷大掃除がハロウィンの翌朝に敢行されることとなった。

しかし、ここで黙っていなかったのが〝アンチ西野〟の2ちゃんねらーの皆さん。

「西野のイベントを邪魔してやろうぜ」と、我々本隊が集合する2時間前に渋谷の街に集まり、「西野の邪魔をしてやれー！　うりゃー！」と、ゴミを拾ったのである。

最高すぎる。

おかげでずいぶん助かった。

老若男女（ときどき2ちゃんねらー）総勢数百人のゴーストバスターズが、ゲラゲラと笑いながらゴミ拾い。大きなマントのゴミを拾った子供は「やった！　これは使える」と雄叫びを上げ、3回続けてタバコのゴミを拾った親父は「もっと大味のゴミないのかよ！」と悔しがり、皆から笑われる。
なんとも痛快な朝だった。

一番嬉しかったのは２０１５年の年末に聞いた、「今年、渋谷が一番綺麗だったのは、ハロウィンの翌朝でした」という報せ。
街を汚すハロウィンがあったから、街を綺麗にすることができたのだ。向かい風は消さずに使っちゃったほうがいい。

※２０１６年、広告業界の若手が選ぶ広告賞『Innovative Communication Award』でこのイベントが優秀賞を受賞
※イベントの動画『Shibuya Ghostbusters JAPAN Halloween』
→(https://www.youtube.com/watch?v=vFw_1Mj_sQI)

Magical compass
The way to go where there is no path
Akihiro Nishino

2章　お金の話をしよう

7

「夢を追いかけようぜ」教育の罪

好きなコトで生きていこうと考える人ほど、
お金と真摯に向き合うべきだ。
お金の正体を把握することで、
「面白い」の選択肢が増えるから。

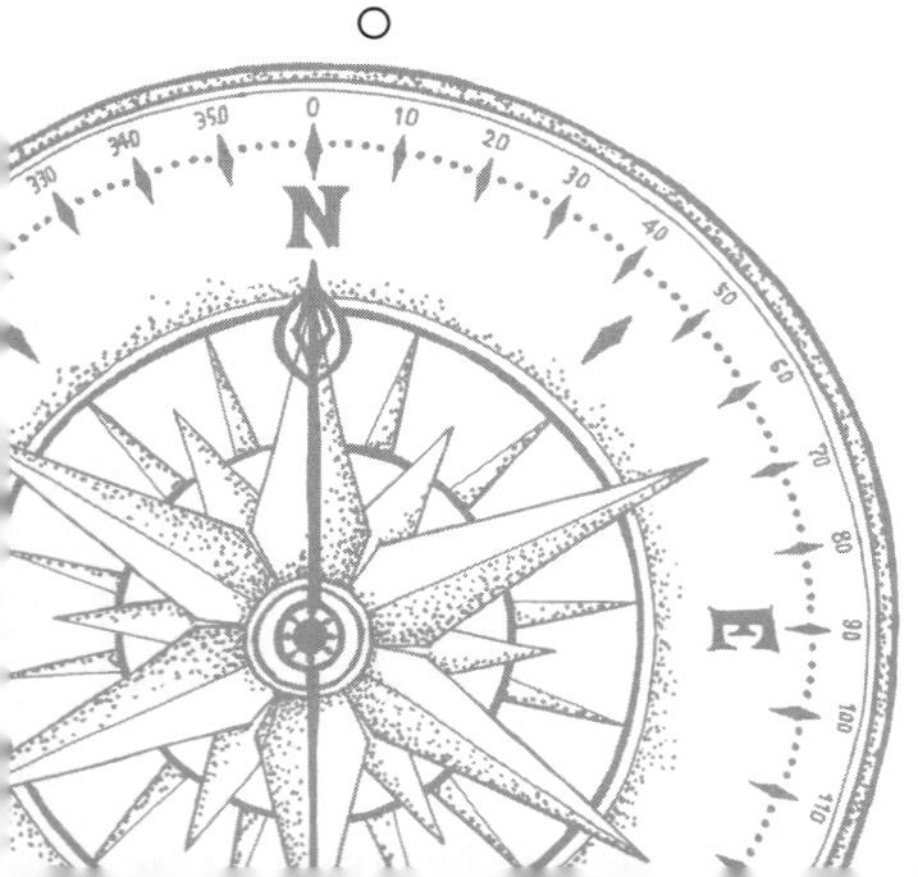

ここ最近は大学の講義の依頼が毎月2〜3件ほど入るようになって、スケジュールが上手くハマれば、なるべく行かせてもらっている。

今の学生が何を知っていて、何を知らないのかを、知ることが楽しい。

「クラウドファンディングを知っている人いますか?」と学生に訊くと、今から3年前の段階で、経済を学んでいる大学では4割ほど手が挙がり、アート系の大学では、ほぼ0人。アート系の大学生のお金に関する知識は壊滅的だった。

ちなみに説明しておくと『クラウドファンディング』というのは、インターネット上で企画をプレゼンし、一般の方から支援金を募る仕組み。

一人の大富豪ではなく、インターネットを介して大勢の方に少額のパトロンになっていただくというわけ。

本来、「パトロン」という言葉に近い距離に立っているのは、経済を学んでいる学生よりも、むしろアート系の学生のハズ。ダ・ヴィンチもミケランジェロもラファエロも皆、パトロンがいた。

アート活動は、何をするにも活動資金が必要になってくる。大学卒業後のグループ展開催費用、個展開催費用、アートフェアへの参加費用、制作に数か月を要する作品と向き合った時の生活費ウンヌンカンヌン。

これらのお金を工面しなきゃ活動できないわけで、「そのお金はどうやって用意するの？」と学生に訊いたら、「カラオケ店のアルバイト」と返ってきた。

たとえば、クラウドファンディングで支援してくださった方へのリターン（お礼の品）に、絵を1枚でも描けば昨日よりも画力がつくし、なにより世の中に自分の作品が残る。

そういう資金調達の選択肢があった上で、それでもカラオケ店のアルバイトを選んでいるのなら、それは好きにすればいいんだけど、その生徒達の頭の中には「資金調達＝アルバイト」という発想しかない。

そこで「どうして学校で教えないのですか？」と先生に訊いてみたところ、「クラウドファンディング？　何ソレ？　美味しいの？」と先生もろとも死んでいた。

先生が知らないのだから、教えようがない。

いつだってそうだ。学校の先生は「お金」の話をしてくれない。してくれないわけじゃなくて、「できない」と表現したほうがいいかもしれない。

こんなことを書いちゃうとバチクソに怒られるけど、〝ほとんどの先生〟は社会経験がない。

もっとシビアなことを言うと、アートの大学の場合、アート作家として飯が食えない人が先生になっているケースが多い。

だから先生が話すのは、いつだって「夢」の話で、次第に「お金」の話をすることが、なんだか下品なことのように扱われて、ゆるやかに洗脳され、ついには「今、夢の話をしているんだから、お金の話なんかするなよ！」と切り離される。

切り離して、夢の話だけを続けた結果が、アート大学卒業後の「作品を作りたくて、作る技術はあるんだけど、作るのに必要なお金が……」に繋がるわけだ。

いやいや、テメエの手で切り捨てたのだ。


でも、この気持ちはとてもよく分かる。

なんてったって、僕自身が〝お金のことはいいから、夢を追いかけようぜ教育〟のモーレツな被害者だから。

やっぱりお金の話は下品だと思っていたし、だからお金をなるべく遠ざけて生きて、気がつけば、お金に興味がなくなっていた。


「ウソでしょ?」と言われるんだけど、いやいやホントの話で、僕は今でも自分の給料を知らない。

収入の増減に一喜一憂するのが嫌で、デビュー当時から給料も給料明細も実家に送ってもらっていて、母の判断で「おそらく、今月使うであろう分」だけを僕の銀行口座に振り込んでもらっていたのだ。震えるほどのマザコンである。

19歳の頃から、ずっとそうで、いつしか、給料の一部だけが僕の口座に振り込まれている〝実家経由システム〟をすっかり忘れてしまい、コンビニATMで残高を見て「ああ、今月の給料は、これぐらいなのね」といった無頓着ぶり。

子供の頃から、「夢だけを追うことが素晴らしい」と育てられたから、こうなった。

そんな中、東日本大震災が起きて、日本中が沈んでいる時に、同じように僕も沈んでいたんだけれど、天災に気分を振り回されていることにだんだん腹が立ってきて、「今、何をすれば震災があったことがプラスになるだろう？」と考え、「そういえば、今、家、全然売れてねーんじゃねえの？　買うなら今でしょ」という気持ちになった。

しかし銀行の残高が20万円しかなかったので、「母ちゃん。俺、家を買いたいんだけど、貯金が20万円しかなくて……」と相談したら、「何言ってんのアンタ。19歳の時からの貯金があるじゃない」「え？そうなん？」といった調子で、家を買った。これマジで。

それぐらい、お金と距離をとっていたのだ。

しかし、好きなコトで生きていこうと考えて、「面白い」を追求する人ほど、お金と真摯に向き合うべきだ。

というのも、お金とキチンと向き合い、お金の正体を把握することで、「面白い」の選択肢が増えるから。

僕自身、ある時から「お金の正体」について真剣に考えるようになり、そこから一気に選択肢が増え、可能性が広がった。

8

幸せなホームレスに教わった「お金の正体」

ホームレス小谷は、50円で1日を売り続け、「信用」を積み重ね、何かの企画の折に立ち上げるクラウドファンディングは全戦全勝。

さて、「お金の正体」を知って、具体的にどのように可能性が広がったのか？

くれぐれも言っておくけど、ここからの話は「お金儲け」の話ではないッス。「お金の正体をキチンと把握しておけば、今の時代、こういう可能性があるよ」という話。

僕は、お金を「信用の一部を数値化したもの」と定義している。

僕が普段遊んでいる連中の中に、「ホームレス小谷」という男がいる。

そういう芸名でタレント活動しているわけではなく、ガチンコのホームレス。もちろんホームレスなので家はないし、お金もない。歳は33歳ぐらいだと思う。

これだけ聞くと悲惨な人生なんだけど、どっこい、ホームレス小谷は毎日とても幸せで、ホームレスになって3年で20キロ太って、美人の嫁さんまで貰っちゃった。

お金は「信用の一部を数値化したもの」という「お金の正体」のヒントは、このホームレス小谷にある。

ホームレス小谷の生き方は実に単純だ。インターネット上に自分の店を出し、売るモノがないから「自分の1日」を売り、それを収入源にしている。買われたら何でもする。草むしりでも、引っ越しの手伝いでも、ヌードモデルでも、何でもする「なんでも屋」。

ショップを出した最初の1か月は「オープン記念特別価格」で1日100円。1か月が過ぎ、通常営業に入ると、1日50円。「オープン記念特別価格」のほうが高かったのだ。とにかく小谷の値段は今日も1日50円である。

丸1日働くのだから、普通なら7000〜8000円、または1万円という感じで〝労働時間相応の値段〟に設定しそうなものだが、このホームレスは徹底して50円を貫いている。どれだけ働いても50円。自分人身売買の自分向けブラック企業で、その社長が一番理不尽な目に遭っている。

実は、ここにカラクリがあって、たとえば草むしりの依頼で朝から昼まで草をむしったとする。そうすると、購入者は「これだけ働かせて、さすがに50円は申し訳ないな……」という気持ちになり、ホームレス小谷に昼ご飯をご馳走する。

ホームレス小谷は昼ご飯をバクバク食べた後、また夜まで草をむしるむしる。

次に購入者は「朝から晩まで働いてもらって、50円はオカシイだろうっ！」と夜ご飯をご馳走する。昼と夜、一緒にご飯を食べたら、すっかり仲良くなっちゃって、「小谷君、軽く呑みに行こうよ」という話になり、ホームレス小谷の購入者は呑み代も支払う。

結局、購入者はナンジャカンジャで50円以上支払っているんだけれど、あとに残るのは50円と、〝こんなに働いてくれて本当にありがとう〟という恩。つまり、信用だ。

最初の値段設定を1万円にしていたら、これは生まれない。

ホームレス小谷は、この調子で毎日自分を50円で売り続け、毎日毎日、お金ではなく「信用」を積み重ね続けた。

そんなある日、「鬼ごっこの人数調整で名古屋に来てください」と50円で依頼をしてきた女性と恋に落ち、出会って2日後に籍を入れ、あろうことか「彼女のために盛大な結婚式を挙げたい」とスットンキヨウなことを言い出した。

もう一度言っておくが、ホームレス小谷はホームレスだ。

結局、浅草の『花やしき』という遊園地を貸しきってド派手な結婚式を挙げることにしたんだけれど、1日の売り上げが50円のホームレス小谷の月収は1か月フルで働いても1500円で、とてもじゃないが費用が足りない。


そこで目をつけたのが、クラウドファンディング。

ホームレス小谷がクラウドファンディングで結婚式の開催費用を募ったところ、開始早々、モーレツな勢いで支援が集まり、なんと3週間で250万円もの大金が集まった。名もないホームレスにだ。


では、どんな人が支援してくれたかというと、その正体は、これまでホームレス小谷のことを50円で買った人達。

「あの小谷君が結婚式を挙げるなら、そりゃ、もちろん支援するよ！」と、このタイミングで恩が返ってきたわけだ。


その後、ホームレス小谷は、やはり50円で1日を売り続け、「信用」を積み重ね続け、何かの企画の折に立ち上げるクラウドファンディングは全戦全勝。

彼は、お金持ちじゃないけど、「信用持ち」なのだ。

信用の面積がバカみたいに大きいから、数値化（お金化）した時の額が信用の面積に比例して大きくなる。


今の時代、クラウドファンディングやオンラインサロンなど、マネタイズの手段はたくさんある。

ならば、ホームレス小谷が図らずも証明してみせたお金は「信用の一部を数値化したもの」という定義に基づいて、「表現者は信用の面積を拡大化させたら、それだけで生きていけるのでは？」と考えた。

9

仕事サボって１０００万円

マネタイズのタイミングを後ろにズラすと
「面白い」の可能性は増える。
そして今は、それができる時代だ。

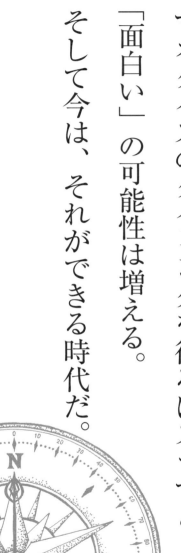

今度は僕が、ほぼ1か月間、仕事をサボってみることにした。ただサボるわけじゃない。その時間を使って、徹底して、お客さんに恩を売るのだ。

2015年の夏のこと。

ちょうど個展期間中だったので、もちろんノーギャラで毎日ギャラリーに通って、お客さんの悩みを聞き、話し、芸をし、「歌え」と言われれば歌い、酒を出されたら呑んで、信用を積み重ねまくった。

日割り計算ではなくて、もう少し長いスパンで見たときに、この1か月間の収入が上がるか、下がるかを知りたかった。

それを確かめるために、裏では、個展とはまるで関係のない4冊目の絵本の制作費を募るクラウドファンディングを立ち上げてみた。

「信用＝お金」を確かめる実験。

んでもって、結果がどうなったかというと、個展が終わり、クラウドファンディングも、あと3時間で終了というタイミングで、僕のツイッターに「個展で毎日楽しませてくれてありがとうございます。お礼に、少額ですが、クラウドファンディングのほうに支援させていただきます」とコメントが来た。

そこで僕が何気なしに「ありがとう!」と返信した次の瞬間、「僕もお礼に……」「私もお礼に……」と夏の間、個展に遊びに来てくださったお客さんからのコメントが止まらなくなり、ラスト3時間で300万円が集まり、最後はサーバーがパンクしてクラウドファンディングは終了。結果、1000万円以上の支援が集まった。

これが、僕が夏の間に積み重ねた「信用」だと思う。

昔話みたいな話だけれど、どうやら恩は必ず返ってくるようで、今の時代、その〝返し方〟をクラウドファンディングやブロマガなどに誘導すれば（言葉は悪いけど）、ダイレクトにクリエイターの活動資金に繋げることができる。

その方法でマネタイズするためにクリエイターがやらなきゃいけないのは、信用を積み重ねること。

クリエイターの信用とは何か？　相手を楽しませることだ。

とても面白い時代だと思う。

これまでは給料（ギャラ）という方法でしかマネタイズできなくて、そのルールの中で動く以上は給料（ギャラ）を支払う側の都合の中で活動しなきゃいけなかったんだけど、マネタイズのタイミングを後ろにズラすことができる時代になったので、照準をお客さんに絞って、「お客さんを楽しませる」ということを、より純粋に追求できるようになった。

徹底的に楽しませて、信用の面積を広げれば、後でいくらでもマネタイズできる。

マネタイズのタイミングを後ろにズラすと「面白い」の可能性は増える。そして今は、それができる時代だ。

これは、「お金の正体って何なの？」という問いから生まれた選択肢で、だから夢に生きる人こそ、お金とキチンと向き合うべきだと思う。

そのほうが面白いことができるから。

10

仕事の広げ方

お金を稼ごうとすると、
どこから手をつけていいのか迷うけど、
信頼の面積を広げるという風に
考えると霧が晴れる。

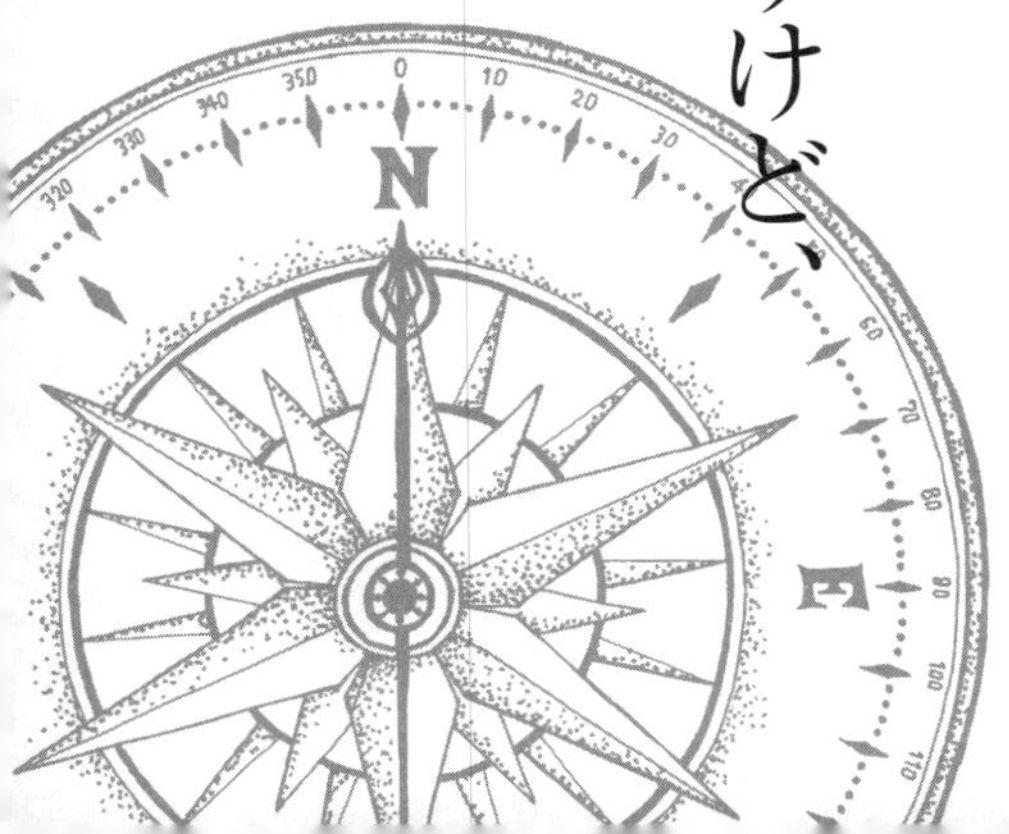

とっても大切なお金の話をもう少しだけ。

新卒から入社したリクルートを経て、東京都で民間初の中学校校長になった藤原和博さんの「稼ぐ話」が面白い。

詳しくは、藤原さんが書かれた『必ず食える1％の人になる方法』（東洋経済新報社）という本を読んでいただきたい（バチクソに面白いから絶対に読んだほうがいい！）。


ザックリ説明すると、アルバイトの給料が安いのは「誰でもできる仕事だから」で、収入をアップさせるには自分を〝レアカード化〟する必要がある、と藤原さんは言う。

自分をレアカード化するための話は、「誰でも1万時間かければ『100人に1人』になれる」という〝1万時間の法則〟から始まるんだけど、「100人に1人」程度では食ってはいけないし、「100

人に1人」ばかりが集まったプロの世界で戦って抜きん出ようと思ったら、まあ大変。

そこで藤原さんは、新たに別分野に1万時間投じることを勧めている。

最初に1万時間を投じたAという分野で1位を目指すのではなく、新たに1万時間を投じて「100人に1人」になったBと掛け合わせて、「100分の1×100分の1=1万分の1」になれ、と。

Aに加えてBの能力もある「1万人に1人」になると、まあまあレアカードで、そこそこ食っていける。

乱暴な喩えだけれど、イメージとしては、「お笑い」を1万時間やって、「家電」を1万時間やれば、『アメトーーク!』の家電芸人のオファーが舞い込んでくる、みたいな(まあ、そんな単純な話じゃないんだけど。あくまで喩えッス）。

ＡとＢを結ぶ線の上が、その人の需要というわけ。

しかし、とはいえ「1万人に1人」だ。

ここで藤原さんは、「さらに別分野に1万時間を投じましょう」と言う。

3つ目（Ｃ）に1万時間を投じることで、「100分の1×100分の1×100分の1＝100万分の1」の人になりましょう、と。

Ａ、Ｂ、Ｃの三点を結んでできた三角形の面積が、その人の需要で、この三角形をクレジット（信用）と呼ぶ。

さきほどのホームレス小谷の話にも通じるけど、仕事や、お金は、このクレジット（信用）の中から生まれるわけだから、クレジットの面積は大きければ大きいほどイイ。となると、ＡとＢとＣの位置は、離れていれば離れているほどイイよね。

「お金を稼ぐ」となると、どこから手をつけたらいいのか迷うけど、「クレジットの面積を広げる」という風に考えると、霧が晴れる。

さすが校長先生。

もっともっと面白い話が『必ず食える1%の人になる方法』には書かれているので、絶対に読んでほしい。僕、面白くないモノは勧めないから。


さて。

これを「お笑い業界」に置き換えた時に、「じゃあ、明石家さんまはどうなんだよ?」という話になる。「お笑いしかやってないじゃん」と。

とんでもない。

歴史を遡ると、「落語家は舞台に立ってこそ一人前で、テレビなんて出るヤツは……」と考えられていた時代があった。つまり、当時の言葉で言うと「落語家のクセにテレビなんぞに出やがった」わけだ。

さんまさんにとっては、テレビがBで、さらに、落語家のクセにドラマに出て、落語家のクセに司会をして……つまるところ、クレジットが異常に膨れ上がったんだよね。ビートたけしさんにしても、タモリさんにしてもそう。

時代が進んで、今、「お笑い芸人」という仕事は、役者や歌手や司会者やグルメレポーターやコメンテーターやクイズのパネラーなど、いろんなジャンルを内包してしまったから、実はBがなかなか残っていない。

だけど、探し方はある。

「芸人のクセに」と言われるようなものだ。

芸人や芸人ファンが、「なんか鼻につく」と距離をとっていたものであればあるほど、クレジットが広がるからいい。

そんなこんなで僕は「お笑い」をAに置き、Bに「アート」を置いた。

芸人やお笑いファンの感覚的に鼻につくんだよね、アートって。だからAとBが離れていて、イイ。

すでにAにもBにも1万時間以上投じている。たしかに仕事の幅は広がった。

あとは三角形の頂点のC。ここで、たとえば「小説」なんかに手を出しても、僕の場合は、AとBから、そこまで離れていないので、平べったい面積の小さい三角形ができあがってしまう。

クレジットを大きくするためには、もっともっと離す必要がある。

「学校」か「町づくり」あたりが面白そうだなぁ、とボンヤリ考えております。

あと、そもそも〝芸人〟という肩書がいろんな仕事を内包しちゃっていて、「クセに」が発生しづらいから、いっそのこと肩書を変えてやろうかと思ってます。

肩書なんて、別に何でもいい。

11

勝てるところで勝つ

通知表でいえば「オール3」という状態が最も効率が悪くて、他の教科なんて「1」でいいので、「4」を「5」にする作業をしたほうがいい。

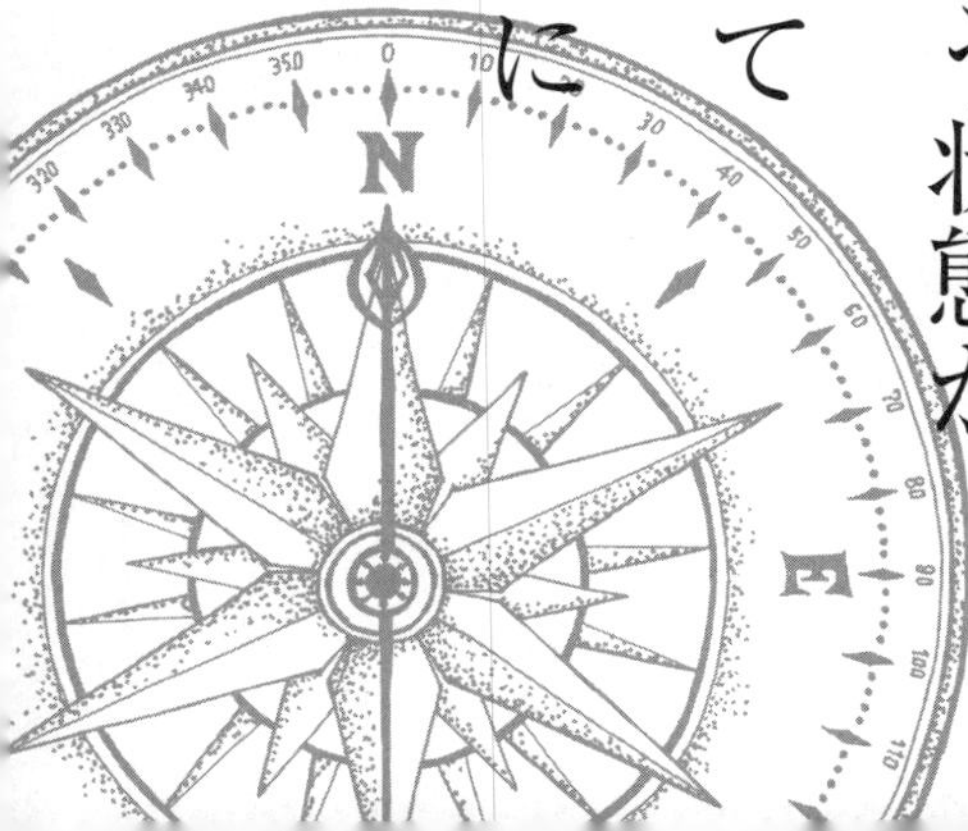

社会に出れば「アソコはアイツに任せるから、あなたはココを頑張ってね」という分業制で回るから、弱点は他人に補ってもらえばよくて、弱点を克服する必要はないというのが僕の考え。

通知表でいえば「オール3」という状態が最もマズイ状況で、他の教科なんて「1」でいいので、その時間を使って、自分の「4」を「5」にする作業をしたほうがいい。

学校と違って、競争社会で引き抜かれるのは「5」のみであり、「1～4」まではゼロだ。欲を言えば、「5」が2～3個あると、「グラフィックデザインと経理ができますよ」といった感じで、自分にしかできない仕事を提示できるから良い。

努力をすることは素晴らしいことだとは思うけれど、あらかじめ、努力する部分を決めてから努力したほうがいい。スケート選手がバットスイングを練習しても使い道がないわけだ。

僕の場合、「努力する部分」というのは、「ここなら勝っている」という箇所。まずは、そこを見つけるところから始める。


たとえば僕の絵本。僕が絵本制作をする上で「ここなら勝っている」という部分はどこだろう?


その話をする前に説明しとかなきゃいけない。

そもそも絵本を描くキッカケをくださったのはタモリさん。

25歳の頃、「レギュラー番組以外のテレビの仕事を全部やめる」と言って、連日フラフラしていた時に、タモリさんに銀座のBARに呼び出され、開口一番「お前は絵を描け」と。

絵なんて興味がなかったし、もちろん勉強したこともなかったので、絵画を描くことはお断りしたんだけれど、そういえば物語を書くことは好きなので、間をとって「絵本」を作ることにした。

絵本なんて作ったことがなかったけれど、作るからには、プロに勝たなきゃ意味がない。

プロの絵本作家さんに負けている作品を出してしまうと、「タレントだから出せたんでしょ?」という結論になってしまうので、「プロに負けない」という最低ラインを決めた。


さて、ズブの素人がどうすればプロの絵本作家さんに勝てるか?

真っ向勝負は避け、やはりここでも「ここなら勝っている」という部分を探すところから始める。


その時の僕がプロの絵本作家さんに勝っている部分はどこか?

絵なんて描いたことがないから、画力はもちろん負けている。本なんて出したことがないから、出版のノウハウもなければ、ツテもない。

当たり前の話だけど、挙げれば挙げるほどプロに負けているところだらけなんだけど、唯一、「時間」は勝っていることに気がついた。「時間」というのは一つの作品にかけることができる制作時間のこと。

絵本制作を生業としている方は、その売り上げで生計を立て、ご家族を養っていかなければならないので、基本的には短いスパンでコンスタントに仕事をしていかないといけないけれど、絵本の売り上げを収入源としていない人間は、極端な話、1冊の絵本を作るのに10年や20年をかけることができる。これが副業のアドバンテージ。僕でいうところの「プロに勝っている部分」になる。

すぐに文房具屋さんへ行き、店に置いている一番細いペン（ペン先＝0・03ミリ）を買い、絵本のストーリーも長くした。

通常、絵本は24ページやそこらだと思うんだけれど、僕が1作目に出した『Dr．インクの星空キネマ』は152ページ。バカみたい。

「あの作風が好きだから」という理由で画材やスタイルを決めたわけではなく、時間が〝かかるように、かかるように〟したわけだ。

結果、1冊作るのに4年半ほど費やすことになった。

決して、「時間をかければいい」というわけではないけれど、時間さえかけてしまえば、プロと競うことがなくなる。つまり負けることがなくなる。

「なんだ、あの作風が好きでもねえのかよ。不純だな」と思われる方もたくさんいると思うけど、面白いもので、たしかに最初はそうなんだけど、結果が出始めて、誉められ始めると、不思議と好きになってくる。

何をするにしても、ここを見つけたほうがイイ。

12

真剣に作品を売る

必要なモノは買うし、必要じゃないモノは
買わない。ならば、少し魔法を
かけてあげて、作品を
「必要なモノ」にしてあげればいい。

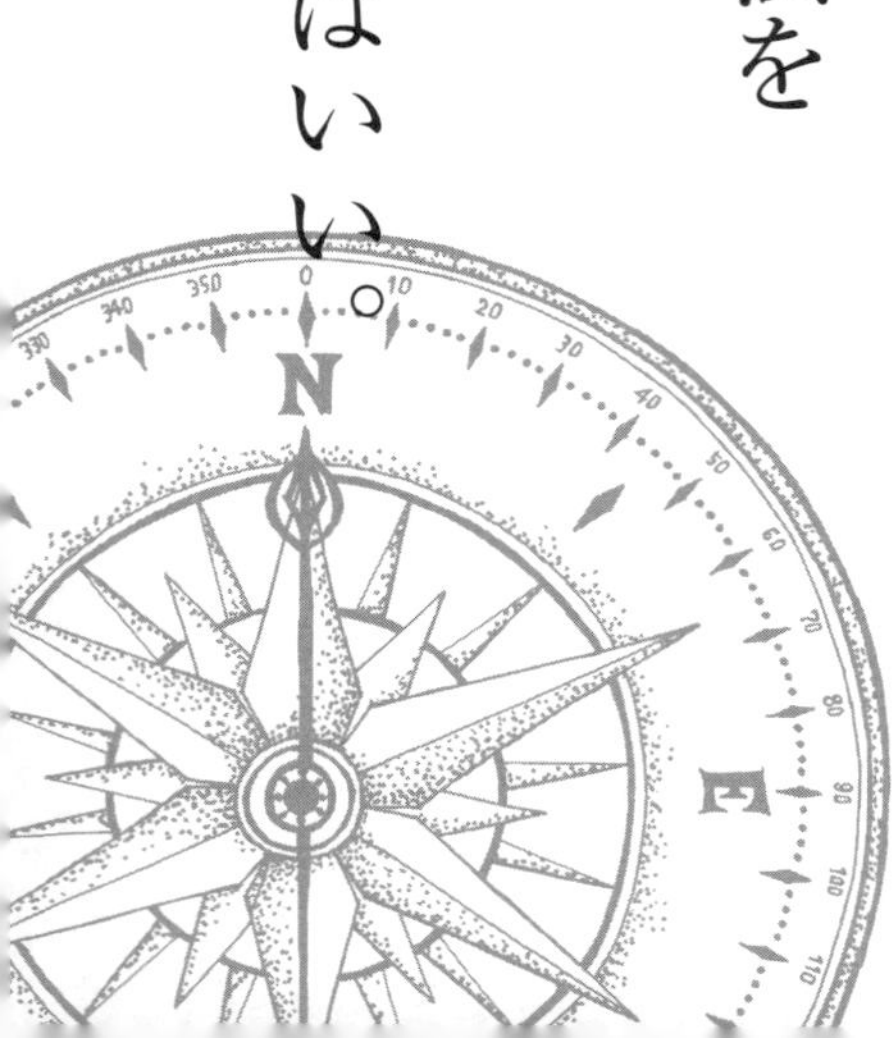

僕の仕事は、自分の活動や作品を皆さんに見つけてもらわないことには始まらない。どれだけ腹を痛めて生んでも、観客がゼロなら、生んだ歴史ごと抹消されてしまう。とにもかくにも、見つけてもらわないと始まらない。なので、作品を生んだら、お客さんの手元に届くまでの導線をデザインする必要がある。

もともとは「僕は作品を生む人間、それを届けるのは……」と、届ける仕事を吉本興業や出版社に一任していたんだけど（だって、そのほうがカッチョイイから）、ある時、「生むだけ生んで、あとは任せる」というのは、どこか〝育児放棄〟な気がしてしまい、届けることまで責任をとろうと決めた。

流通やお金のことなど、作り手があまり口にしたくないことも口にしていこう、と。我が子を生かすためなら、泥水でも何でも飲む。まあ、親の務めだよね。

僕は絵本を作っているので、ここでは僕が自分の絵本を売るために、どういう動きをしているかをお話ししようと思う。

さっきも書いたけど、もともと「作品を届けるのは僕の仕事ではない」と思っていて、「俺は作家だあ！　アチョー！」と吠えながら、100万部超えの大ベストセラーになる予定で描いた絵本は、1作目、2作目とも、売り上げは2万〜3万部に留まった。

「絵本で2万〜3万部も売れたらスゴイよぉ〜」てなことを言われたりもするんだけれど、僕としては100万部超えを予定していたので、その落ち込みようは凄まじかった。

そんなこんなで、3作目。

さすがに3作目ともなると、「良い作品を作ったら売れる」という幻想は完全に消え去り、「作ったからには届けるところまで責任をとらなきゃダメだ」と、ついに観念し、そこから親の自覚が芽生え始めた。

さて、どうやって作品を売るか？

まず、皆や自分が「何を買い、何を買わないか」、そこから考えてみることにした。

僕も皆も、米や水やトイレットペーパーやシャンプーは迷わず買うが、小説やＤＶＤやライブチケットを買うのは渋ってしまう。

「買う・買わない」の違いは明確で、必要なモノは買うし、必要じゃないモノは買わないのだ。作品は生きていく上で必要じゃないから売れないわけだ。

ならば、少し魔法をかけてあげて、作品を「必要なモノ」にしてあげればいい。

「必要なモノ」になっている作品とは何だろう？

さっそく答えを言うけど、「おみやげ」だと思う。

シンガポールのマーライオンのキーホルダー。あれ、要る？　あんまり要らないよね。でも、買う人がいるわけだ。しかも、かなりの数。

たとえば、広島・宮島で売っている「宮島」と書かれたペナント(三角形のやつ)。あれ、要る？　でも、僕は小学校の修学旅行で宮島に行った時に買っちゃった。おみやげは1000円までだったから、大半をペナントに使ってしまった。あとは木刀。

演劇のパンフレットもそう。1400円の分厚い小説を買うのは渋るくせに、20ページぐらいしかない2000円のパンフレットには手が伸びる。

キーホルダーもペナントもパンフレットも「作品」には違いないが、「おみやげ」である。

皆、「作品」は買わないが、どうやら「おみやげ」には手が伸びる。「おみやげ」が、思い出を残しておくために〝必要なモノ〟だからだ。

ならば、売りたい作品を〝おみやげ化〟してあげればいい。

おみやげ化に必要なのは、思い出作りで、思い出作りに必要なのはシンガポールや宮島や演劇といった「体験」だ。絵本を売りたければ、その絵本が「おみやげ」となるような体験を作ってあげればいい。

そこで、これまで3作分の絵本の原画（約140点）を無料でリースし、全国のどこの誰でも『にしのあきひろ絵本原画展』を開催できるようにした。

条件は「原画展の出口で絵本を販売すること」、ただそれだけ。

吉本が保管している絵本の在庫を持ちだした場合の売り上げは吉本に収められる（そのかわり、1冊も売れなくても主催者は1円も支払わなくてもいい）。

中には、絵本を7掛けで購入して、絵本で売り上げを出される主催者さんもいる。

どちらを選んでもイイ。

「無料でリースするから、原画展をしたい人はいつでも言ってねぇ～」とツイッターで募集をかけたところ、大分のサラリーマンが、名古屋の中学生が、横浜のＯＬが次々に手を挙げた。そして狙い通り、絵本は「おみやげ」として売れた。

今、僕の絵本は本屋で「作品」として売れ、いろんな土地で誰かが開催している原画展で、「おみやげ」として売れている。

２０１５年は原画展だけで数千冊売れた。毎年続けていけば、なかなかバカにならない。

僕が電子書籍に興味がない理由が、まさにこれ。

今、時代は「体験」を求めていて、僕はライブや個展といった「体験」を頻繁に仕掛けるので、そういった運動の落とし所を作品にする場合、「おみやげ」になりにくい作品には興味がない。

僕にとっては、本が〝物質〟であることに大きな意味があるんだよね。

13

僕が田舎に豪邸が建つほどお金を払っているモノ

実は情報そのものには
それほど価値がないんだけれど、
〝お金を払うこと〟に価値が
あるんじゃないかな。

先に謝っておきます。ゴメンナサイ。

ちゃぶ台をひっくり返します。


「人は作品にはお金を出さない」とか言っておきながら、僕は本屋さんで立ち読みなどはせず、まず作品を買っちゃう。

じゃあ、どうやって本を選んでるの？　という話になる。

僕が本を買う理由は「知り合いが絶賛していた」か「ジャケ買い（気になったタイトルや、気になった装丁の本を買う）」、この2つだけ。

テイスティングのようなマネはせず、気になったら買う。

とにかく、まず、お金を払っちゃう。


〝まず、お金を払うメリット〟は、読み進めていて「この本、面白くねーな」と思っちゃった時に、「でも買っちゃったし、もう少しだけ読まないと、もったいないな……」という貧乏根性からくる〝ほんの少しの粘り〟が生まれることだと思う。

実は、この、ほんの少しの粘った先に発見が埋まっていることが少なくなくて、立ち読みだったら、間違いなく、そこまで辿り着いてない。

立ち読みだと、「この本、面白くない。別の本にしよう」てな感じ。これを繰り返していると、自分が興味のある情報しか入ってこなくなるので、頭がカチコチになっちゃう。お金は、それを防ぐために払っている。

お金は基本、物々交換で、何かを提供したら、支払ってもらえるし、お金を支払えば、何かを貰える。

僕らは本能的にそのことを理解しているから、お金を支払えば代わりに何かを貰おうとするし、払わなかったら貰おうとしない。

ここの差がすごく大きくて、実は情報そのものにはそれほど価値がないんだけれど、〝お金を払うこと〟に価値があるんじゃないかな。

「お金で情報の吸収力を買っている」という感覚。

たぶん、無料で見れるネットの記事も、500円払って読んだほうが血となり骨となる。

でもって、お金はそのうち無くなるけれど、経験や知識は蓄積される。そのくせ、知識や経験は、そのあとお金に代わるわけだ。

一番の財産は経験や知識で、そう考えると、「財産＝お金で、さらに、それを独占するヤツってバカじゃねぇかなぁ」と思えてくる。

僕は食には1ミリも興味がなくて（これも、お金を払ったら変わるハズ）、とにかく食に時間を使うのが嫌で、一人の時は必ず立ち食い蕎麦。食事時間は2〜3分で済ませているし、面倒くさかったら食べない。

当然、毎月の食費代なんて駆け出しの芸人より安くなるんだけれど（なので、芸人の不遇時代の貧乏エピソードがピンとこない）、人との会食には、田舎に豪邸が建つぐらい払ってきた。

先輩芸人が同席している時や、スタッフさんがコッソリ払ってしまう時を除いて、全員の食事代を全額払うようにしている。毎年、税理士の先生がビックリしている。

それも、まず本を買うのと一緒で、会食での会話の内容を血や骨にすることが目的。

話の内容は、その場にいた誰よりも持ち帰りたい。ただ、2回に1回は、呑みすぎて覚えていないので、田舎の豪邸の2階部分ぐらいはムダ使いをしている。

あと、もう一つ。

お金を払うことのメリットは、「失敗の買い物にしたくないから、お金を払って買ったモノの良い部分を、必死に探そうとする」ということだと思う。

本にしてもそう。会食にしてもそう。会食なんて相手あってのもので、相手の良い部分を必死で探しながら喋れば、そりゃ有意義な時間になるし、ポジティブな関係になる。

まあ、でもこれは考え方次第で、「お金を払ったのに、この程度か

も殺すも生かすも行為を生かすもいう行為を

よ」と考える人もいる。「お金を払う」という行為を生かすも殺すも
自分次第といったところか。
余談だけど、コンビニのATMよ。
起動ボタンを押して、カードを入れて、承認ボタンみたいなのを押
して、暗証番号を打って、引き出す金額を打って、「OK」ボタンを
押して、「ピピーッ」とカードだけ出てきて、現金が出てこない。
その理由が画面に出る。
「この時間帯は、ご利用できません」
それ、最初に言ってくれないかな？

Magical compass
The way to go where there is no path
Akihiro Nishino

3章　革命の起こし方

14

ＳＮＳの正しい使い方

今、ＳＮＳは拡散装置ではなく、
個人と個人を繋げるツールであり、
1万人に網をかけるよりも、
1対1を1万回したほうが効率が良い。

2013年1月、「来月、ニューヨークで個展をしたい」と突然言ってみた。

理由は単純で、2月にワガママを言って1週間の休みをとっておきながら、「べつに休みは要らねーな」と思ってしまったから。

ここで一番の被害者は無駄に1週間の休みができてしまった相方の梶原君だ。アーメン。

スタッフの皆様は「来月？　また西野がおかしなコトを言い出したよ」と相変わらずな反応だったんだけど、言い出したら聞かない性分だということはスタッフの皆様は百も承知なので乗っかってくれた。

ありがたやありがたや。

さて、ニューヨークで個展といっても、まず、どこから攻略していけばいいのかが分からない。なんてったって吉本興業は「お笑い」の事務所で、海外で個展を開催するノウハウなどあるハズもない。

「まぁ、とにもかくにも場所がなかったら個展はできないわけだから、とりあえずニューヨーク中のギャラリーに片っ端から直接お願いしてみる?」とバカ素人丸出しでスタート。いつもこの調子だ。

英和辞典を片手に「来月、ニューヨークで個展がやりたいッス」という英文を作り、絵本の画像を添付し、ニューヨーク中のギャラリーに送りまくった。80件ぐらい送ったと思う。

とはいえ、もちろん1か月後の予定が空いているギャラリーなどそう簡単に見つかるハズもなく、ほとんど空振ったんだけど、運よく数件ヒットした。

その中で、オーナーさんの熱量が一番高かったのが、『ONE ART SPACE』というギャラリーで、前後のアーティストさんの搬入・搬出の日程を強引にズラしてまで「やりたい」と言ってくださった。「いや、ここでやるしかないっしょ！」とスタッフ全員大興奮。見事にギャラリーが決まったわけだが、ここで肝心なことを忘れていた。

お金である。

ニューヨークで個展を開催しようと思ったら、ギャラリー費用、渡航費、宿泊費、設営・搬出費、ウンタラカンタラと、やたらとお金がかかる。

とくにギャラリーはニューヨークのド真ん中にある大きなギャラリーだったので、それなりの値段だ。

個展は1か月後。この短期間で、それだけのお金をどう工面するか考えに考え、当時、日本に入ってきて間もなかったクラウドファンディングに辿り着いた。

資金調達後からスタートする飛行機やホテルの手配、フライヤー作りなどをモロモロ逆算して、資金調達の期間は2週間。この2週間で、お金を用意できなければ個展は中止。同行するスタッフには1か月後のスケジュールを強引に空けてもらっていたので、中止だけは、なんとしてでも避けなければならなかった。

つまり、絶対にクラウドファンディングを成功させる必要があった。

1人でも多くの方に支援してもらうために僕が使ったのは、ツイッターやフェイスブック、いわゆるSNSだ。

このSNSを最大限利用してやろうと思い、ツイッターのタイムラインをボケーッと眺めていたら、「拡散希望」と書かれたツイートの

ＲＴ数が昔に比べて減っていることに気が付いた。

皆、網をスルーするスキルがすっかり身についてしまっていて、つまり、ＳＮＳは拡散装置としては寿命を迎えていたわけだ。

網でかからないのなら、モリを片手に素潜りで一人一人突き刺していくしかない。

「キングコング西野」でエゴサーチ（検索）をかけ、僕についてツイートしている人をリストアップし、「はじめまして。キングコング西野です。実はこの度、クラウドファンディングという……」と片っ端から突き刺していった。７００～８００人に声をかけた。

「会いに行けるアイドル」ではなくて、「会いに来る芸人」。

結果、これが大ハマリ。２週間で５３０万円が集まった。

皆、網には慣れていたけど、モリで刺される免疫がなくて、「芸能人のほうから来たよ」という感じで、僕が個人的に送ったツイートがRTされ、それも後押しとなった。

当時、芸能界がペニーオークションで荒れに荒れ、相方が生活保護問題で処刑されている時に、真っ直ぐ手を挙げて「西野です。お金ください」と言っちゃったもんだから、2秒後にはヤフーのトップニュース。鬼のような炎上も後押ししてくれた。


無事、資金調達に成功し、ニューヨークでの個展開催が本決定。すぐに飛行機や宿を手配し、次の問題に直面した。

集客である。

「個展を開催したものの、お客さんが来なかった」では笑えない。なんとしてでもお客さんを呼ぶ必要があった。

しかし、ニューヨーク個展は2週間後。今から情報をリリースしても間に合わないし、なにより、ニューヨークのメディアに個展の情報を流してくれるツテなどない。

困った時のSNS。やはり、ここでも「モリで一刺し作戦」だ。

「ニューヨーク 寒い」「ニューヨーク 混んでる」「ニューヨーク 美味しい」でエゴサーチをかけ、今現在ニューヨークにいる人をリストアップし、「はじめまして。キングコングの西野と申します。突然、申し訳ございません。実はこの度……」と片っ端から送ってみた。

結果、3日間の個展で1800人もの人が足を運んでくださった。

資金調達から集客までの一連の流れで学んだことは、「今、SNSは拡散装置ではなく、個人と個人を繋げるツールであり、1万人に向けて網をかけるよりも、1対1を1万回したほうが効率が良い」ということ。ここでの学びが、その後の僕の活動の柱となった。

15

流通に乗せないDVDを作って、独演会のNY公演

DVDは「3000枚売れないとペイできない」ってホント？気になったので、製作している工場に直接電話して訊いてみた。

ニューヨークで個展をした時に、現地の日本人ボランティアの方に本当にお世話になったので、個展最終日の夜、お食事に招待した。その席で交わした「今度は、お笑いをニューヨークに持ってくるね」という約束を果たせぬままズルズルと2年が経ってしまって、さすがにケジメをつけようと思い、独演会のニューヨーク公演開催に向けて本格的に動き出した。

スタッフ全員分の渡航費や宿泊費やギャランティ、劇場レンタル料など、ライブの制作費は日本で開催するライブの何倍もかかってくるので、吉本からは「どうするんですか?」と訊かれ、「なんとかする」と答えたものの、これといった策がなかった。

そんな時に、後輩芸人から「単独ライブのDVDを出したいんですけど、会社がOKをくれなくて……」と相談された。結論をいうと、これがニューヨーク公演開催の決め手となった。

僕に相談してきた後輩芸人は、そこそこ人気もあって、単独ライブのチケットも毎年完売していて、それこそファンがＤＶＤ発売の署名運動を起こすほど。本人達はＤＶＤを出したいし、数百人のファンがＤＶＤを買うことを確約しているのに、会社はＯＫを出さない。

その理由を訊いてみたところ、ＤＶＤというのは３０００枚売れないとペイできないのだそうな。数百枚売れても、制作コストを差っ引くと、赤字になってしまうわけだ。そりゃ会社は出したがらないし、本人達もそれで渋々納得したという。

ただ、ここで一つ気になったことがあった。

「３０００枚売れないとペイできない」ってホント？

ＤＶＤの値段が1枚3000円だとすると、3000円×3000枚＝9000万円。

お笑いライブの舞台セット費や衣装費やスタッフギャラや出演者のギャラは、ライブの制作費から出ている。

お笑いライブのＤＶＤは、出来あがったモノを撮るだけで、そのＤＶＤを3000枚作って届けるのに、本当に9000万円もかかるのだろうか？　かかるのだとしたら、どの部分に、その莫大な費用が使われているのだろうか？　気になったので、ＤＶＤを製作している工場に直接電話して訊いてみた。

「もしもし、はじめまして。キングコングの西野と申します」である。

そこで聞いた工場のオジサンの言葉に耳を疑った。

なんと、ＤＶＤを３０００枚刷ってパッケージ（完成品）にするまでにかかる費用は、27万円だという。

たったの27万円だ。３０００枚売れて、ようやくペイじゃないの？９００万円近くかかるんじゃないの？

では、残りの８７３万円はどこに消えているのか？

答えは、各所にＤＶＤの販売を委託していることで発生している委託代だ。つまり、ペイさせるために、１枚でも多く売らなきゃいけないので、流通に乗せることで発生してしまうお金。

しかしだ。27万円なら、１枚３０００円で売れば、90枚でペイできる。

90枚だったら、そもそも流通に乗せる必要ないじゃん。

ライブ終わりに手売りすれば、簡単に売り切れる枚数だ。でもって、91枚目～３０００枚目までの売り上げは、どこの誰に渡すでもない。全て自分達のものだ。

これを使わない手はない。こうなってくると相談してきた後輩のことなんてどうだってよくなってきて、頭の中はニューヨーク公演のことでいっぱい。

すぐに、流通に乗せないＤＶＤを作って、それを手売りし、91枚目以降の売り上げをニューヨーク公演の開催費用にあてることを決めた。

結果、ＤＶＤは予想以上に売れて（１５００枚）、予算が余ったのでニューヨーク公演は無料開催することとなった。

16

ネタバレと確認作業

人が時間やお金を割いて、その場に足を運ぶ
動機は、いつだって「確認作業」で、
つまりネタバレしている
モノにしか反応していない。

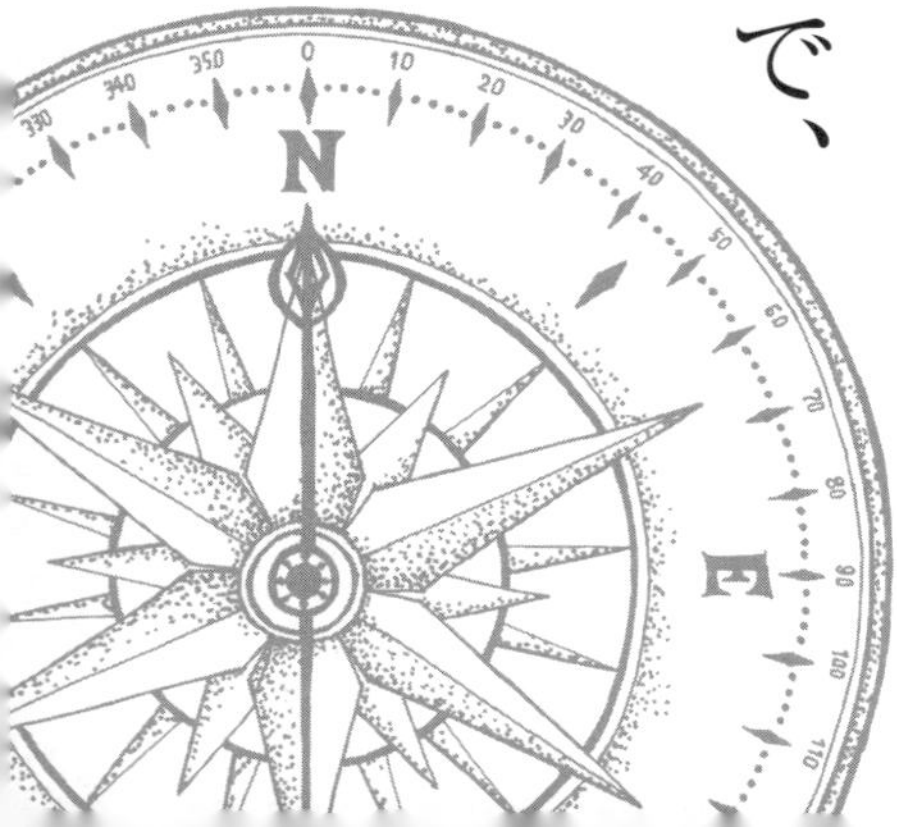

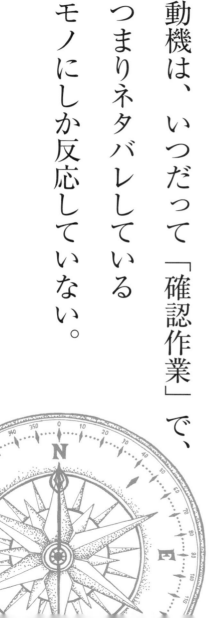

人は未体験のものに出会えた瞬間に感動するけれど、そのくせ、未体験のものには、あまりお金や時間を割こうとはしない。

時間やお金を割いて、その場に足を運ぶ動機は、いつだって「確認作業」で、つまりネタバレしているモノにしか反応していない。

たとえば、イタリア旅行に行って、グルグルと観光地を巡っている時に、「ここからタクシーで5分のところに、レオナルド・ダ・ヴィンチの『最後の晩餐』が展示されていますよ」という情報が入ったら、絵画にはさほど興味がなくても、「ま、とりあえず観に行く?」とタクシーに乗り込んじゃう。

小学生の頃に『最後の晩餐』がクソほどの画素数で教科書に載っていて、一度、自分の頭の中にインプットしていたから、その行動が生まれたわけで、「ここからタクシーで5分のところに、どんな絵かは分からないけど、レオナルド・ダ・ヴィンチが描いた絵があるらしい」では、よっぽどの絵画好きでないかぎり反応しない。

そもそも旅行なんて、確認作業そのものだ。

テレビで見て、ネットで見て、パンフレットを読んで、「ここに行ってみたい」となる。「これを生で観てみたい」となる。

「20万円払ってくださったら、とんでもなく感動できる場所にお連れしますよ」では動かないのだ。

確かにネタバレには感動を削ぐ要素が含まれているけれど、どうやらやっかいなことに、ネタバレしているものにしか人は反応しない。

ひらたく言えば「人は冒険しない」とも言えるだろう。

そんなこと百年前から分かっているから、これまで様々なエンタメが「チョイ見せ」をしてきたんだけれど、もう、旅行のパンフレットぐらい大胆にネタバレしちゃってもいいんじゃないかと考え、僕の個展では他のお客様への配慮をしていただいた上で、写真撮影およびSNSへの投稿をオールオッケーにしている。画素数が最悪でも、ピントがボケていても、問題ない。むしろ、「やっぱり生は違うね」という別の感動が生まれるから。


そんでもって、ライブでも、これを試してみることにした。

毎年開催している僕の単独のトークライブ『西野亮廣独演会』を全編無料でYouTubeにアップしたのだ。

「『YouTubeで無料で観れる』となったら、ライブに足を運ばなくてよくなるじゃん!」とスタッフからは止められたけど、「大丈夫、大丈夫」と言った。

たしかにスタッフが言うように、「ＹｏｕＴｕｂｅで観れるし、わざわざ会場に足を運ばなくてもいいか」と考える人もいるだろうけれど、そこで離れる人数よりも、「これを生で観てみたい」という確認作業をする人数のほうが上回ると僕は読んでいる。

そもそも、「行かない」と判断した人が10万人いようが１００万人いようが、結局のところは、会場に足を運んでくれる人の数しか記録されないんだから、ダイナミックに情報を発信して分母を増やせば、「行かない」という人が増えると同時に、「行く」という人が増える。「行く」という人が増えればそれでいい。

ちなみに「全編アップした」と書いたけど、本当は本編終了後にカーテンコールで再び舞台に出てきて、そこで15分ほど本音を語った、その部分は切っている。それは来た人だけのお楽しみ。

17

隠れテーマのある『天才万博』

本当に見せたいモノを2番目に置くことで、
本当に見せたいモノのファン以外の人に、
本当に見せたいモノを
見つけてもらう。

そこに自分が絡んでいるかどうかなんて、もはやどうでも良くて、とにもかくにも世の中が今よりも楽しいもので溢れたら、僕にとっては、それが一番イイ。

交通事故は無くなったほうがいいし、戦争は無くなったほうがいいし、帰り道にあるダサイ街灯はオシャレになったほうがいいし、ベランダから見える景色にはもう少し緑があったほうがいい。これまで憂鬱な気持ちにさせられてきた雨の日が、逆に楽しみになるような発明があったら最高だ。

僕は昔からアイリッシュやカントリー音楽にメロメロ。

楽器でいえば、フィドルやバンジョーやマンドリンやウッドベースやティン・ホイッスル、あとはアコーディオン。イメージとしてはディズニーランドで流れていそうな音楽。実際にディズニーランドで流れているかどうかは知らない。

まあ、普段はそういった音楽をよく聴いているんだけど、ロックやダンスミュージックやヒップホップやレゲエなどは、すっかり日本にも根付いて、各地で大きなライブやフェスが開催されたりしているのに、アイリッシュ音楽となると、とたんに規模が小さくなり、知る人ぞ知るオシャレなカフェや、音楽ツウが集まるライブハウスで流れる程度だ。

純粋に「もったいないな」と思った。

これだけ楽しい気持ちにさせてくれる音楽が、なぜ、音楽ツウだけのものになっているのだろうか？　なぜ、音楽に興味のない人に見つかっていないのだろうか？

千人・万人向けの楽器じゃないのだとしたら納得もいくが、イギリス出身のバンド『マムフォード&サンズ』なんかは、だいたい先に記した楽器で万人の客を沸かしているから、使っている楽器は言い訳にならない。

これまでアイリッシュ音楽をポップカルチャーに押し上げようと働きかけた人もいるはずなんだけど、今現在そうなっていない。広まらない理由は、もしかしたら国民性だとか、そういった先天的なものにあるのかな?

だとするなら、広め方としては、「別の理由で集客をして、そこで流れていたのが、たまたまアイリッシュ音楽だった」という仕掛けを作る必要があると考えた。

そこで『天才万博』という音楽フェスを立ちあげた。主催者はホームレス小谷。

『天才万博』のコンセプトは、いたってシンプル。

通常、音楽フェスとなると集客のコトを考えなきゃいけないので、集客力や知名度があるアーティストをブッキングしていくけれど、それだと、どのフェスも大体同じメンツになってくる。

それはそれで素晴らしいんだけれど、『天才万博』はそれとは違う。主催者が1年間かけてチケットを手売りして完売させるから、そのかわり、集客力や知名度は関係なく「天才しか出さない」というルールをつくった。

誰も知らないような新宿ゴールデン街の流しのオッサンであろうと、天才であれば出演していただくというわけ。

アーティスト名よりも、フェスの「コンセプト」を前面に出し、そこを面白がって来てもらう。表向きのキャスティングの基準は「天才」としているけれど、本音は「天才×アイリッシュ」。ちなみに、ときどき天才お笑い芸人も出たりする。

「本当に見せたいモノを2番目に置くことで、本当に見せたいモノのファン以外の人に、本当に見せたいモノを見つけてもらう」という算段。こうして、アイリッシュ音楽が少しずつ少しずつ見つかっていけばいい。

『天才万博』は2年目で1000人を動員するフェスになった。もちろん、いずれは5000人や1万人規模にする。

今年は、まだ出演者を発表していないけれど、すでにチケットが売れている。いい流れになってきたと思う。

そこに自分が絡んでいるかどうかなんて、もはやどうでもよくて、とにもかくにも世の中が今よりも楽しいもので溢れたら、僕にとっては、それが一番イイ。

18

世界一面白い学校『サーカス！』

勉強は面白い。
ただ、勉強を教える先生が
面白くなかった。

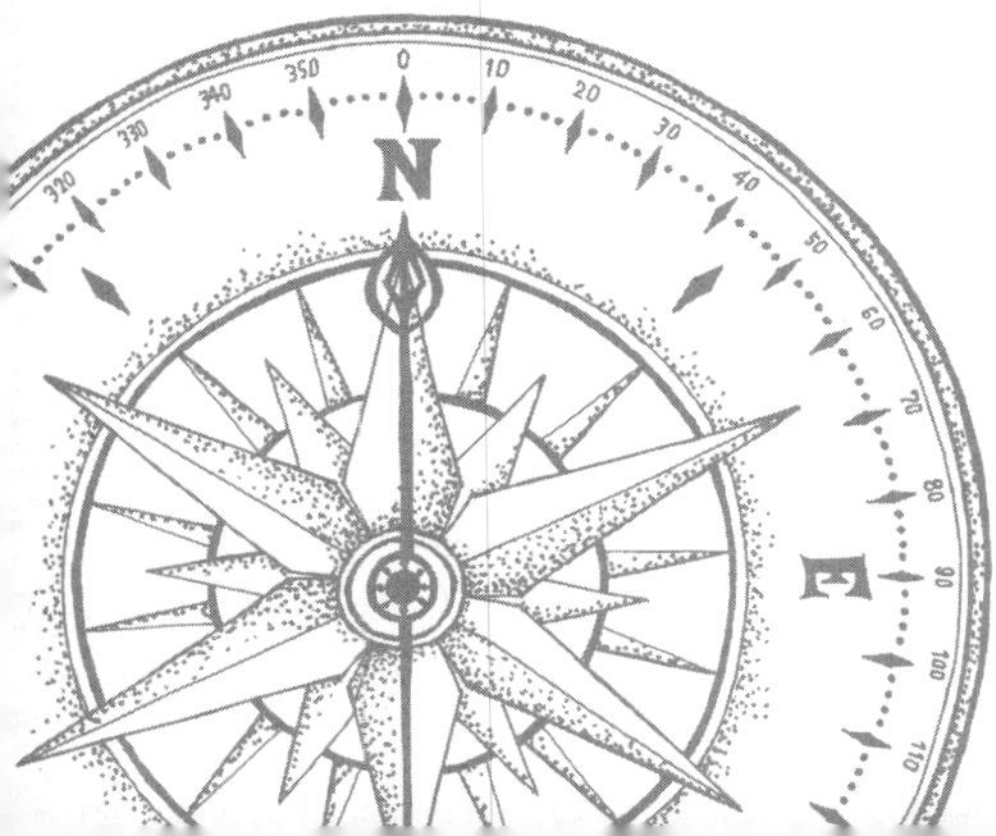

『サーカス！』という名の学校を作った。

学生時代、とにかく僕は勉強ができなくて、1学年数百人の学校で、成績は常に下から10番以内。テストを欠席している生徒も入れたら実質最下位だ。

それでいてヤンキーや不登校だったりしたら理由も分かるんだけれど、僕ときたら毎日キチンと学校に通って、毎日キチンと授業を聞いた上で、その結果。

真っ直ぐアホだった。

先生の話している内容がまったく理解できなくて、「勉強って、面白くないいな」となり、大学進学はせず、芸能界の門を叩いたんだけれど、この世界に入って楽屋でいろんな人と話してみると、岡田斗司夫さんの経済の話も、茂木健一郎さんの脳科学の話も、ロザンさんの歴史の話も、ダイノジさんの音楽の話も超面白い。

そんな話を聞いた帰り道は本屋に寄って、ほぼ教科書のような本を買い、片っ端から読み漁り、気がつきゃ勉強していて、そんでもって勉強が面白かった。


あれ？　勉強は面白いじゃないか？

だったら、何故、学生時代の勉強は面白くなかったのだろう？

そこで、「勉強は面白い。ただ、勉強を教える先生が面白くなかった」という炎上必至の仮説を立ててみた。

こんなことを言うと全国各地の先生に殺されちゃうんだけど、ただ実際に、ほとんどの先生が面白くはなかった。

テストの成績は良いのかもしれないけれど、お喋りが素人すぎる。

お腹から声が出ていないし、身体の開き方や目のフリ方は計算されていない。難しい話を難しいまま話しちゃってるし、黒板に向かって喋っちゃってるし、ついには「話を聞きなさい！」と大声で敗北宣言。いや、面白かったら聞いてるよ。案の定、休み時間に先生のまわりには人が集まっていない。面白くないいんだもん。

不良生徒がタバコを吸い出すキッカケは「タバコの味」じゃなくて、「憧れ」だ。

タバコを吸っているロックンローラーや先輩がカッコ良くて、〝自分も先輩みたいになりたくて〟タバコを吸い始める。

勉強もそう。面白い人の話を聞いて、自分も面白い人になりたいのだ。

だったら、ちゃんと社会に出て結果を出している〝面白い先生〟しか出てこない学校を作ろうと思って、世界一面白い学校『サーカス！』を作った。

僕は「将来、楽しい思いをしたければ、今は石に齧《かじ》りついてでも勉強しろ」という考えに反対している。

歴史は覚えていないけれど、ドラゴンボールのストーリーは覚えているように、ベートーベンの曲はよく分からないけれど、大好きなミスチルの唄は歌詞カードがなくても歌えるように、「楽しんでいる時のほうがインプット力が高い」というのが僕の考え。

ならば勉強こそ、最大限「楽しい化」してあげる必要がある。そのほうが勉強効率が良いから。

だったら、先生は面白い人のほうがいいし、教室だって、蛍光灯と硬い木の机という軍国教育のシステムとはオサラバ。

会場の照明を国内トップクラスの照明さんに依頼し、会場に流れる音楽や講師の登場音なども、国内トップクラスの音響さんに依頼。頭の上に八面体のモニターがある円形ステージを中心に、とにかく愉快な美術セットを組んで、徹底的に楽しくしたほうがいい。

「黒板をノートに丸うつしすることが本当に勉強効率が良いの？」

「教科書をただただ読みあげることが、本当にそれが一番頭に入るの？」

「全員が教卓に向かって黙々と作業するスタイルが、それが一番賢くなるスタイルなの？」

これまでの学校の常識をイチイチ疑って再構築した、世界一面白い学校『サーカス！』は、毎公演チケット即日完売という人気イベントとなった。

講義が始まる前はアイリッシュ音楽が流れ、メモの準備をしている生徒もいれば、ビールを呑んでいる生徒もいる。ときどき先生も呑んでいる。

生徒も先生もスタッフも、とにかく皆、楽しそうだ。

インテリ芸人が日本史を語り、上場企業の社長が経営を語り、テレビプロデューサーが企画術を語り、ミュージシャンが宗教を語る。

そして校長の僕は、この本に書いてあるようなことを語る。

生徒達は、ここで学んだことを明日の職場や合コンで得意気に話すのだろう。

こんな学校があってもいいじゃないか。

19

イジメの終わらせ方

そりゃ「イジメやめようぜ」では
イジメが無くならないわけだ。
娯楽なんだもん。

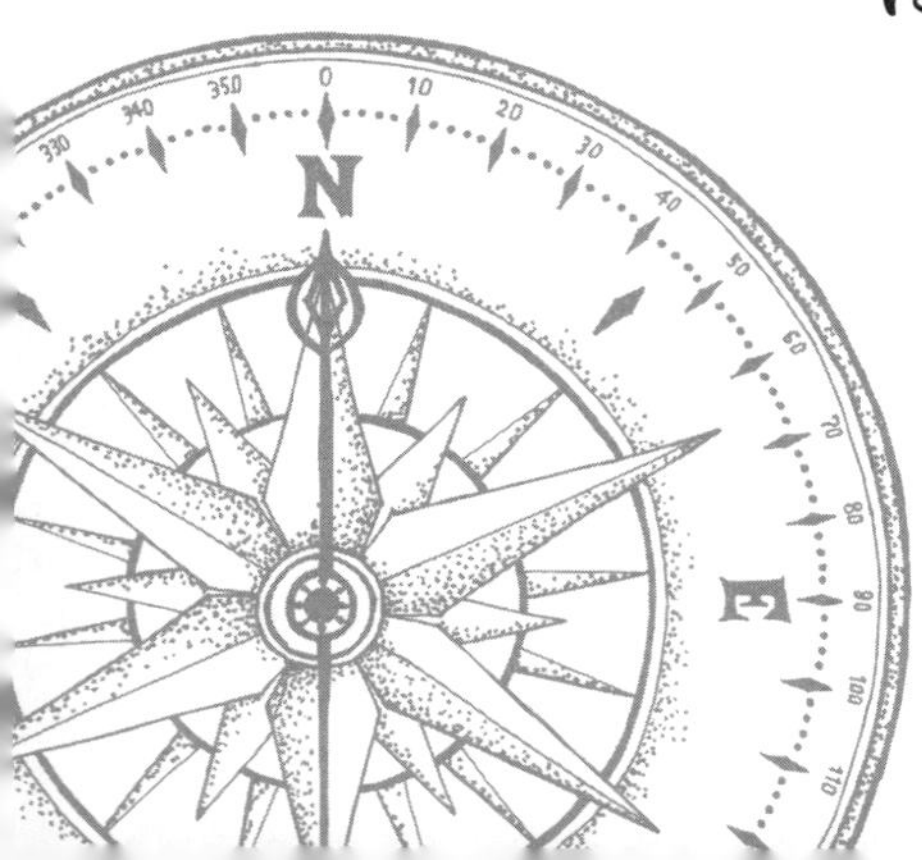

イジメの起源は知らないけれど、腰を抜かすほど大昔からある。何十年、何百年、何千年と繰り返され、何億人、何百億人、何千億人と犠牲になってきたわけだ。

広告費をかけて好感度の高いタレントを起用してイジメ撲滅ポスターを作ったり、正義感溢れる先生達が「イジメやめようぜ」と何万回と叫び続けてきたが、イジメはちっとも無くなっていないし、今、この瞬間もどこかで誰かがイジメられている。

にもかかわらず、あいかわらず今日も、また広告費をかけてイジメ撲滅ポスターを作り、正義感溢れる先生達は「イジメやめようぜ」と叫んでいる。

「イジメやめようぜ」と呼びかけるのは、正しいことだと思うけど、しかし、それが残念ながら解決策でないことは歴史が証明している。何十年も何百年も同じことを叫び続けて、結局、イジメは今日も無くなっていないのだ。

まずは、この事実を受けとめないと何も変わらないんじゃないかな？

効かない薬をずっと飲んでいるようなもんだ。だからといって否定しているわけではないよ。

「正しいことだとは思うけど、その方法ではイジメは無くならなかったんだから、もしかしたら、イジメの無くし方は、それじゃないんじゃない？」という提案。


イジメとは一体何だろう？

問題解決に向かう上で大切なのは、まずは「イジメの正体」を知ることだと思う。

イジメを無くそうとする人達は、これまでずっと弱い側……つまりイジメられっ子側の気持ちに立って、イジメを見てきた。だけど、それでは解決策が出なかったわけだ。

ならば思いきって、イジメっ子側に立ってイジメを見てみるとどうだろう？　すると見えてくる「イジメの正体」。

結論を言うと、イジメは、イジメっ子からしてみれば「娯楽」なんだよね。お金も要らない、技術も要らない、工夫も要らない、とっても手軽にできる娯楽。そりゃ「イジメやめようぜ」ではイジメが無くならないわけだ。娯楽なんだもん。

「TVゲームばかりするな！」と親から怒鳴られて、その瞬間は電源を切っても、親が寝静まった頃にコッソリと再開した経験は皆にあると思う。まさに、あれだよね。

娯楽は取り上げることができない。

それがイジメのようなクソ面白くない娯楽であろうと、娯楽であるかぎり取り上げることはできない。


ただ、娯楽を〝間接的に〟取り上げる方法が一つだけある。

それは「今、ハマっている娯楽よりも、もっと面白い娯楽を与えてあげる」という方法。

極端にバカな例だけど、『プレステ3』をやめさせたかったら、「プレステ3をやめなさい」と怒鳴るのではなく、『プレステ4』を買い与えればいい。

イジメをやめさせたかったら、イジメよりも面白い娯楽を与えてあげればいい。

先生はイジメっ子に歩み寄って、「おい、ブルーハーツって知ってる?」と教えてあげればいい。ギターにハマったら、イジメなんてしている暇はない。

「なんで、イジメっ子にそこまで歩み寄ってやらないといけないんだ!」という声もあると思うけど、目的は、「イジメを無くすこと」だからね。イジメっ子のエネルギーを押さえつけるのではなく、別方向に流してやればいい。

ただ、〝正しいことしている人〟にとって「自分の反対意見は悪」になるので、「イジメやめようぜ」と叫んでいる人達に「そうじゃなくてね……」という意見をぶつけると、「俺たちは間違っていない!イジメを無くそうと思ってるんだ!」とヒステリックに騒ぎ立てるから、まぁ面倒くさいんだ、これが。

いつだって、正論バカが一番ブレーキを踏みやがる。

20

戦争が無くならない理由

僕らは戦争を無くすことはできない。

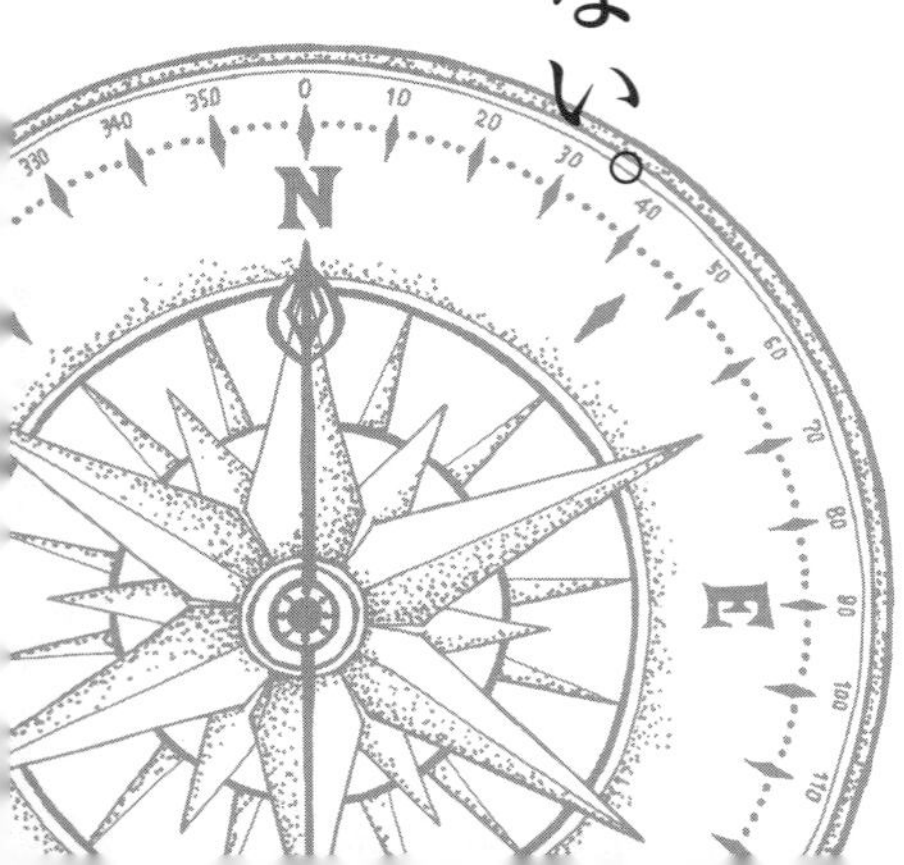

「イジメやめようぜ」でイジメが無くならなかったように、「戦争反対」と星の数ほど叫び続けてきたけど、やっぱり戦争は無くならなくて、今日も世界のどこかで誰かが殺されて、誰かが泣いている。

皆、戦争なんて無い世界を望んでいるのに、どういうわけか世界から戦争は無くならない。

これだけ叫んでも無くならないわけだ。もしかしたら、僕達は戦争の無くし方を間違ってたんじゃね？　イジメ問題同様、そんなことを考えてみる。


戦争を無くす方法は、デモに行く、政治家になる……など、いろいろあるけれど、どの方法が効果的で、結局どれが一番正解なのかは正直よく分からない。

ただ、受け止めなきゃいけないのは「戦争は無くならなかった」という事実。そう考えると、どの方法も応急処置で、癌を叩けていないような気もする。「戦争で儲けている人達もいる」という話も聞くし、実際のところ、どうなんだろ？

僕はお笑い芸人で、普段そういった問題とは離れた場所で活動しているんだけれど、あるとき、タモリさんから「戦争の無くし方」を問われ、真剣に考えたことがあった。それは自身3作目となる絵本『オルゴールワールド』のストーリーを練っている時の話。

絵本『オルゴールワールド』の原案はタモリさん。

ストーリーを練っていた時期はタモリさんと何度も何度も呑みに行って、議論を交わした。その議論の中で「戦争が無くならない理由は何だと思う？」とタモリさんが言った。

これまで考えたこともなかったけど、一番最初に頭に浮かんだのは「軍需産業で儲けている人がいるから」という答え。ただ、そんな手垢でベタベタな答えを出して、タモリさんが「なるほどな」と頷くわけもないことは百も承知で、素直にタモリさんの見解を訊いてみることにした。

「それはな、人間の中に『好き』という感情があるからだ。そんなものがあるから、好きな物を他人から奪ってしまう。また、好きな物を奪った奴を憎んでしまう。ホラ、自分の恋人をレイプした奴を『殺したい』と思うだろ？

でも、恋人のことを好きじゃなかったら、攻撃に転じることはない。残念だけど、人間の中に『好き』という感情がある以上、この連鎖は止められないんだよ。

『LOVE&PEACE』という言葉があるけど、LOVEさえなければ、PEACEなんだよ。その生き方は、かぎりなく動物や植物の世界に近いな。ただ、『好き』がない世界というのも、ツマラナイだろう？　難しい問題だよ、これは。どうしたもんかね？」

背筋がゾクッとした。

この言葉は僕の胸に深く刺さって、生まれて初めて「戦争」と真剣に向き合うこととなった。

どうやら僕らは信じられないぐらい残酷な仕組みの中に生きている。でも、僕らには知恵があって、問題がある以上は必ず答えがあって、なにより、「システム上、戦争は無くならない」と断言してしまう結論はあまりにも寂しい。

そういえば、以前、テレビ番組で谷川俊太郎さんが「『戦争は無くならない』というところから考え始めたら、無くし方が見つかるかも」と言っていたな。タモリさんと同じ考えだった。

あの夜から、ずっと考えていた。分かりやすくするために規模をもう少し小さくして、友達関係のこと、親子関係のこと、ご近所関係のことから。

そして、数年後にようやく『オルゴールワールド』という作品の中で、僕なりの結論を出した。「なるほどな」とニコリと笑ってくださったタモリさんの顔を今でも鮮明に覚えている。

「僕らは戦争を無くすことはできないのかもしれないけど、止めることはできる」

答えは僕が子供の頃から信じているエンターテイメント。

ピストルの引き金を引かなきゃいけない立場の人間でも、笑っている時や、何かに感動している瞬間は引けない。引き金を引くのは、笑い終わった後や、感動し終わった後だ。

つまり、エンターテイメントが世界中の人間を感動させている瞬間だけは平和で、「だったら、その時間を長くすればいいじゃん」というのが僕の結論。

いつだって僕は自分のためにやっているんだけれど、そのことが巡り巡って誰かの救いになっていたりすることがある。

その延長で、きわめて短い時間であろうと、争いを止めることができるなら、そもそもそういう目的で始めたわけじゃないんだけれど、作り手冥利に尽きる。

極上の棚ボタであり、エンタメを作る僕らの希望です。

21

完全分業制で作る絵本の挑戦①

僕の目的は、世界の誰も見たことがない圧倒的なモノを作ること。一人で作った方が目的に近づけるならば一人で作るし、100人で作ったほうが目的に近づけるならば100人で作る。

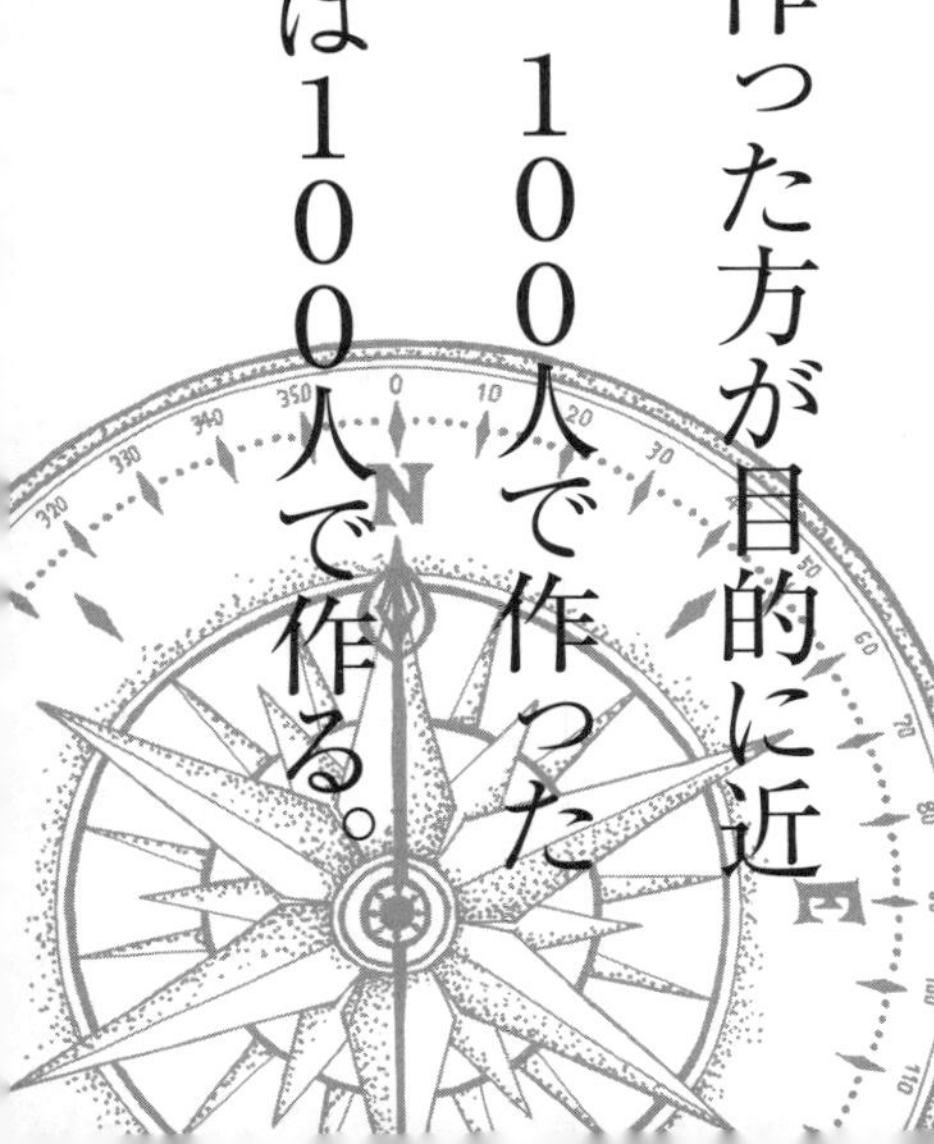

これまで3冊の絵本を出版してきて、ある時、「そういえば、絵本はどうして一人で作ることになっているのだろう?」という疑問を持った。

たとえば映画なら、監督さん、助監督さん、音楽プロデューサーさん、照明さんや美術さん、メイクさん、衣装さん、役者さんが自分の得意技をそれぞれ持ち寄って、一つの作品を完成させる。そのほうが面白いものができるから。

テレビにしても、ライブにしても、漫画にしても、会社にしてもそう。みんな分業制だ。

ところが絵本ときたら、取り決めがあるわけでもないのに、どういうわけか一人で作ることになっている。多くても、イラスト担当と文章担当の二人。

絵本が、〝一人で作ったほうが良い作品になる〟という類のものならば、納得もいくが、普通に考えて、物語を作る能力とイラストを描く能力は別ものだし、イラスト一つとっても、キャラクターを生みだす能力と、星空を描く能力と、魅力的な建物をデザインする能力は、それぞれ別だ。「植物を描かせたら誰にも負けない」という人もいるだろう。

それなのに絵本は、それら全ての作業を一人の作家がやるということが、なんとなく決まっている。何故か？

つまるところ「お金」だと思う。

絵本は「5000部売れればヒット」といわれる世界。他のエンタメに比べて売り上げが見込めないから、そもそも「制作費をかける」という発想にならない。

分業制にした段階で、確実に赤字が決定しちゃうわけだ。

ただ、僕はこの〝赤字〟というネガティブな言葉に可能性を感じている。

僕は世界の誰も見たことがないモノを作りたい奴でして、「世界の誰も見たことがないモノって何かなぁ？」と考えた時に、それは「企画段階で落ちているモノ」だと。

では、企画段階で確実に落ちるモノとは何か？　それが「確実に赤字が見込めるモノ」だった。世界の誰も見たことがないモノは、こんなにも身近にあった。

「確実に赤字が見込める作品を作っちゃえばいいじゃん」

こうなってくると一気にエンジンがかかる。

制作費がかかる絵本を出版社に持ちかけたら一瞬ではね返される。

ならば、クラウドファンディングで分業制にかかるお金（スタッフの人件費）を集めて、赤字を相殺して、分業制で作品を完成させ、データだけを出版社に持ち込めばいい。

そんなことを始めたら、決まって「分業制にすると作家性が薄れる」だの何だの言ってくる輩が必ず出てくるんだけど、たとえば『パイレーツ・オブ・カリビアン』の作家の名前や『アナと雪の女王』の監督の名前が瞬時に出てくるのは一部の関係者とコアなファンだけで、ほとんどの人の興味は「誰が作ったか？」ではなく、「何を作ったか？」だ。

僕もそう。誰が作ったかなんて、どうだってよくて、もっと言えば、僕の名前なんて表に出なくてもいい。

僕の目的は、世界の誰も見たことがない圧倒的なモノを作ること。

一人で作ったほうが目的に近づけるならば一人で作るし、100人で作ったほうが目的に近づけるならば100人で作る。

というわけで自身4作目となる絵本『えんとつ町のプペル』は分業制で作ることにした。誰も見たことのないものを見たいんだよね。

22

完全分業制で作る絵本の挑戦②

モノ作りは、つまるところ編集作業で、だからこそ選択肢を一つでも多く持っておく必要がある。

ルネサンスにしても、幕末にしても、時代が大きく動く時は、その背景に、いつも「たまり場」があって、その時代の芸人や画家や金持ちなどなど、いろんな職種の連中が一つの場所に集まっていたんだよね。近年だと、タモリさんや所ジョージさんなどが夜な夜な集まっていた赤塚不二夫さんの周りもそんな感じだったのかな。

その「たまり場」では夜な夜な四方山話や情報交換が繰り返されて、「あ、そういうことをやりたいんだったら、コイツに任せたらいいよ。コイツ、超おもしれーから」といった紹介（癒着）があって、そうした横の繋がりでもって、時代をひっくり返しにかかったわけだ。

「あ、これ、一人で時代をひっくり返すのは厳しいな」と、皆、ある程度のところで気づくんだろうね。

でもって今だ。

なんとなく50〜60代のオジサマ達に時代を牛耳られている感じがあって、その人達の御輿を担いで死んでいくのは嫌だけど、だからといって僕一人で攻め込んでもヒネリ潰されてしまうので、横の繋がりを作るために、まずは「たまり場」を作ることにした。

家を買い、リビングの壁をブチ破って、20〜30人が集まれる空間を作った。

アニメーション監督の水江未来さんが「サロン」と呼ぶ我が家には、週に一度、映画監督、音楽家、起業家、お坊さん、テレビ局員、芸人、画家、大学教授、ホームレスなどなど、様々なジャンルの人達が集まり、タコ焼きパーティーに精を出しながら、未来の話をしている。

この場所から始まる仕事は少なくない。完全分業制で作る4冊目の絵本『えんとつ町のプペル』の制作もここから始まった。

『QREATOR AGENT』というエージェント会社の代表をしている佐藤詳悟という男がいる。実はこの男が「西野さん。次、あれをやりましょうよ」「西野さん。次は、これをやりましょうよ」と、いつも僕に耳打ちして、暗躍している。

そして、この佐藤詳悟がいつも面白い人を連れてきてくれる。その時連れてきてくれたのが、当時、『MUGEN UP』という会社の代表をしていた一岡亮大さん。MUGEN UPは〝イラスト特化型のクラウドソーシング〟の会社。

クラウドソーシングをめちゃくちゃザックリ説明すると、依頼主と、その依頼に応えてくれる職人さんとをダイレクトに繋げてくれるキューピッド的なシステム。

いつでもどこでも、必要な時に、必要な分だけ、必要なスキルを持った人へ仕事を外注することができる。

たとえば、僕が今、「自分のホームページを作りたい！」と考えたとする。

その場合、これまでならデザイン事務所に依頼して、そこから、その事務所に所属するWEBデザイナーさんに仕事が下りるんだけれど、デザイン事務所を一枚挟むことによって、依頼主が支払う金額は増えるし、デザイナーさんが貰える金額は減る。

そこで、「だったら、依頼主とデザイナーに直接やりとりしてもらいましょうよ」というのがクラウドソーシング。もちろんキューピッド料はあるけれど、微々たるものだ。

MUGEN UPはクラウドソーシングの中でもイラストに特化し

た会社で、契約しているイラストレーターさんは3万人にのぼる。その中から、依頼の種類やサイズに合わせて、その依頼に向いているイラストレーターさんに声をかけていくわけだ。

ちょうど、「なんで絵本って一人で作ることになってるのかなぁ」と思っていたタイミングで、MUGEN UPと出会い、直後、「クラウドファンディングで資金を集め、クラウドソーシングでスタッフを集めて、分業制の絵本を作ろう」と決めた。

モノ作りは、つまるところ編集作業で、だからこそ選択肢を一つでも多く持っておく必要がある。出会いは可能性だ。

※2016年、西野は日本最大級の総合型クラウドソーシングを運営する『株式会社クラウドワークス』の顧問に就任。

23

完全分業制で作る絵本の挑戦③

基本的には、本の内容がニュースになることはないから、
本の届け方に変化をつけて、
ニュースを狙いに行く。

クラウドファンディングで制作費を集めて、クラウドソーシングで制作スタッフを集めて、分業制で作っている絵本『えんとつ町のプペル』。

制作スタートから4年が経ち、作業もいよいよ大詰め。上手くいけば年内（2016年）には発売できるかも。

やっとの思いで生まれてくる我が子のような作品だ。しかし、作品はお客さんの手に届かないと生まれたことにならない。

なので、お客さんの手に届くまでの動線をキチンとデザインし、我が子を育ててあげる。そこまでが親の責任だよね。

やはり今回も作品の育児放棄はせず、作品が売れるために僕がやれることは全部やっちゃう。

届け方がニュースになるような革新的な仕掛けがまるで思い付かないので、思い付くまでは正攻法。

Ａｍａｚｏｎには予約販売というのがあって、単純な話、予約販売で売れれば売れるほど、発売当日に本の感想をＳＮＳで呟いてくれる方が増えるわけで、本屋さんに足を運んでくれる方が（微々たる数かもしれないけれど）増える。

本屋さんで本を並べられる時は、発売当初は平積みだけれど、時間が経つと縦に置かれて、もう少し時間が経つと書棚から消える。

本屋さんで本を買ってもらう場合、基本的には「制限時間」があるのだ。

当然、発売当日から話題になっていたほうが有利に働くので、予約販売で1冊でも多く買ってもらったほうがいい。

そんなこんなでスタッフに「Ａｍａｚｏｎで予約販売をスタートさせちゃおうよ」と言ったところ、「Ａｍａｚｏｎの予約販売は発売日の3か月前からなんで、まだ無理です」と返ってきて、ヒックリ返った。

予約販売にも「制限時間」があったのだ。

『えんとつ町のプペル』の発売は、どれだけ急いでも、あと5か月はかかる。

今の時点では、Ａｍａｚｏｎの予約販売で取り扱ってもらえないのだ。

しかし、ここで諦めてしまうほど、僕は行儀の良い人間ではないので、「だったら自分達で予約販売のサイトを作っちゃって、予約販売を今日からスタートさせようぜ」と食い下がる。

いつもこうだ。

結局、『ＢＡＳＥ』（30秒で作れるネットショップ）で、『えんとつ町のプペル』のサイトを作り、予約販売をスタート。

現在（発売３か月前の時点で）１８００冊が売れている。

５０００部〜１００００部でヒットといわれる絵本の世界の中では、予約販売のこの数字は、まあまあ健闘しているほうだと思うけれど、目標は「ウォルト・ディズニーを越えること」なので、まだまだ話にならない。
しかし、何もやらないより、やったほうがマシだ。

絵本『えんとつ町のプペル』が発売になったら、今度は絵本の手売りをしてみようと思う。

さらには、全国の映画館を音楽ツアーのように回って、映画館のスクリーンを使った『えんとつ町のプペル』の読み聞かせをしようと思う。

基本的には、本の内容がニュースになることはないから、本の届け方に変化をつけて、ニュースを狙いに行く。

ただ、予約販売や、手売りや、読み聞かせツアー以外に、もっと皆がビックリするような、「その手があったのか！」的な方法が必ず埋まっているんだよな。

そのアイデアを掘り当てるまでは、やれることをコツコツコツコツ。

近道なんてないよね。

「本が売れない」と嘆いている作家には、「売ろうとしてねーじゃねえか！」と心の中で思ったり、ときどき口に出して言って、炎上して嫌われたりしています。

『えんとつ町のプペル』は必ず届けます。

24

チームの力を最大化する方法

80人近いスタッフに
「指示を出さずに指示する方法」を
あれやこれやと模索して、
「音楽」が持つ情報量に目をつけた。

仕事の規模が大きくなってくると、当然関わってくるスタッフも多くなってきて、昔に比べて、「あの山を登るゾー！」と皆を引っ張る〝監督業〟にまわる機会が増えてきた。

こうなってくると、スタッフの活かし方が腕の見せ所。

「俺が伝えたい世界はこうだから、ここはこうしろ。そしてここは、こう！　でもって、ここは……」と逐一指示していくと、たしかに自分の思い通りにはなるけれど、それ以上にはならなくて、なによりスタッフが窮屈そう。

僕は文化祭みたいなノリを一生続けたくて、この世界に入った。なので、一緒に汗を流すスタッフのモチベーションを下げるわけにはいかない。

だけど、「皆さんの好きなように表現してください」と言うと、本当に各々が好きに表現してしまって、まとまりがなく、目指している場所に辿り着かない。

チームの雰囲気は良いかもしれないけれど、それで仕上がった作品は面白くない。

やはり指示は出さなければいけないのだ。しかし、指示を出してしまうと、それ以上がないというジレンマ。

この問題をクリアするには、「指示を出さずに指示する方法」しかない。

そこで、あれやこれやと模索して、「音楽」が持つ情報量に目をつけた。

試してみたら、コイツがなかなか使える。

たとえば２０１５年の夏におこなった大規模な個展『おとぎ町ビエ

ンナーレ』の会場作り。

打ち合わせには、建築チーム、装飾チーム、照明チームのそれぞれのチーフ、そして、その下に80人近いスタッフがいた。

このスタッフをまとめるために僕が用意したのは会場の雰囲気を描いた簡単なイラスト1枚と、僕の好きなアイリッシュの曲を3～4曲。それをスタッフ全員に聴いてもらって、「この曲に合う世界を作ってください」と伝えただけ。

そしたら、建築チームが路地のような設計を、装飾チームが三角フラッグを、照明チームが大量の吊り電球を用意してきた。

それは完全に僕が思い描いていた空間だった。それでいて、皆、それは自分達で考えて出した答えであり、自分達の作品なので、モチベーションがとにかく高い。

スタッフ全員、1秒でも長く現場にいようとしたし、空間が完成し、個展がスタートした後も、「自分達の作品」を見て欲しくて、スタッフが率先して集客に奔走していた。これは本当に面白い光景だった。

同じことを『サーカス！』でも、『天才万博』でも、『独演会』でも、『えんとつ町のプペル』でもやっている。

自分の世界を表現してくれるチームの力を最大化する時に必要なのは、〝スタッフそれぞれの作品にしてあげる〟ということ。

「俺がここまでやってるのに、アイツらは、なんでもっと頑張ってくれないんだ！」みたいな時は、スタッフのケツを叩く前に、スタッフの作品になっているかどうかを疑うとイイ。

「指示を出さずに指示を出す方法」は、音楽以外にも、まだまだあるかも。日々、勉強でございます。

25

お笑いライブで赤ん坊が泣く問題について

「子供が小さいから、ライブには行きにくい」という親御さんも、育児に疲れてライブに逃げ込む親御さんもいる。

何かいい方法はないかなぁ？

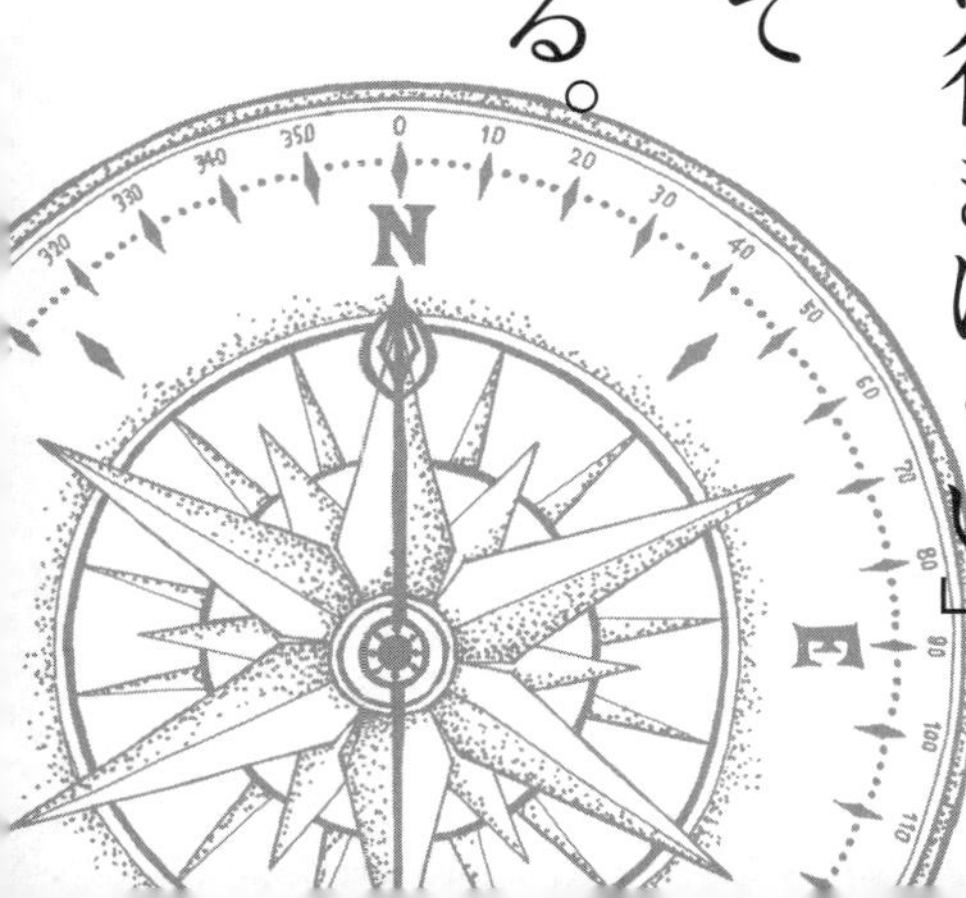

たとえば赤ん坊が泣いている時間が30秒～1分位なら、泣いていることをイジって笑いに変えてやればいい。それで皆が幸せになるわけだから。それこそ「芸人なら笑いに変えろ」だよね。

ただ、5分～10分泣き続けられると、運営側としては、ロビーに出てもらわないといけなくなる。5分間、泣いている赤ん坊をイジるわけにはいかない。

なぜなら、他のお客さんは、泣いている赤ん坊をイジって笑いをとっているところを見るために、時間やお金を払っているわけではないから。

この瞬間、「芸人なら笑いに変えろ」が通用しない。

こういう話をすると、「『だったら、未就学児入場お断り』と書いとけよ！」と目くじら立てて怒鳴りこんでくる人がいるんだけれど、僕も他のお客さんも、赤ん坊が泣くことは別に構わない。〝泣いてもいいけど、泣き続けられると……〟という限度の問題。

「注意書きに書いてないことは何をしてもいい」という理屈が通るなら、注意書きは、数百~数千を超える。「公演中、お芋をふかして食べないでください」とは書いていないのだ。

公演は、「常識の範囲で分かるよね?」という暗黙のルールの上で成り立っている。

ときどき、「別にいいでしょ。赤ん坊が泣き続けたらダメとは書いてないわけだし!」というモーレツな開き直りで、数分間泣いている赤ん坊をあやしながら、観劇を続ける親御さんがいる。

もしかしたら、通路から離れた席に座っていて、「立ち上がると逆に迷惑がかかる」と思っている親御さんもいらっしゃるかもしれない。

こんな時、僕は、ある程度のところまでは泣いている赤ん坊をイジって、それ以上続くようなら、ロビーに出ていただくようにしている。

これまで、「泣いている赤ん坊を外に出しやがった！　ヒドイ奴だ！」と何度も何度も炎上したけれど、やっぱり劇場には劇場のマナーがあって、そこには数千円という大金を握りしめて、ようやくチケットを買った中学生もいるわけだ。僕には、この子達を守る義務があるんだよね。

あと、余計なお世話かもしれないけれど、赤ん坊にとっても、とんでもないストレスだと思う。今の状況に対してＳＯＳを出しているわけだから。親が、まず最初に助けてやれよ、と。

僕は、その日の公演に来ていない人や、そもそも劇場に足を運んだことすらない人達が、想像でヤイヤイ言おうが、そんなものは意見としてカウントしていない。

ライブをする時に、僕が一番大切なのは、僕の目の前にいるお客さん。

それこそ、時間とお金を払って劇場に足を運んだことがない人からすると想像もできないかもしれないけれど、劇場というフィクションの世界から一気に現実へと引き戻す〝赤ん坊の泣き声に対する苛立ち〟は、電車や飛行機の比じゃない。

ちなみに、どのライブでも「他のお客様の迷惑になった場合は、ご退席していただくこともございます」と必ずアナウンスしてるんだよね。〝泣き続ける赤ん坊を放置する〟というのは、それにあたるわけだ。

ルール違反じゃなくてもマナー違反ならアウトだし、この場合は単純にルール違反だ。

ただ、「今はまだ子供が小さいから、西野のライブには行きにくい」という親御さんもいるだろうし、はじめての育児に疲れて、僕のライブに逃げ込んできた親御さんもいる。

大金を握りしめてチケットを買った中学生も僕のお客さんなら、この親御さん達だって、僕の大切な大切なお客さんなわけだ。

できれば、安心してライブに足を運んで欲しいし、できれば最後までライブを観てもらいたい。せっかく来てくれたお客さんは、僕が一番帰したくない。外に出したいわけがない。

「なんか、いい方法ないかなぁ」と考えていたら、夏におこなう僕のトークライブ『西野亮廣独演会in東京』の会場となる東京キネマ倶楽部が頭に浮かんだ。

東京キネマ倶楽部の二階席は一列しかない。しかも、全ての席が独立していて、キャスター付きのソファー席だ。

ここなら、他のお客さんに迷惑をかけることなく、席を立つことができる。

そんでもって、劇場には楽屋がたくさんある上に、独演会なので、楽屋は僕しか使わない。つまり、空き楽屋が大量にあるわけだ。

これは使うしかないよね。

退席しやすい二階席に限り、お父さんお母さんの膝の上で観ることができる未就学児の入場を無料にしちゃう。そんでもって、楽屋をキッズスペースにして、ステージ上の様子が観れるようにモニターも手配しちゃう。

こうすれば、赤ん坊が泣き出した時に、お父さんお母さんはキッズスペースで、ステージの続きを観ることができる。赤ん坊が泣きやめば、また席に戻ってくればいい。

もちろん私ときたら、稀代のエンターテイナーですから、キッズスペースも、「このままキッズスペースにいたいなぁ」と思えるぐらい、メチャクチャ楽しい空間を演出しちゃう。これで、皆、幸せになれるんじゃないかな？

こんな簡単なことを、どうしてもっと早く気づかなかったのかな？

ごめんなさい。

劇場も、この観点で選ぶべきだった。

もし、将来自分が劇場を作ることになったら、設計の段階で、この部分は必ず踏まえておこう。
お父さん、お母さん。赤ん坊をドンドン連れてきてください。
ご家族で、お笑いライブを楽しんでください。

26

「子供向けですか？」と訊く親について

親や先生が考えている「子供向け」というのは、
「子供なら、こういうものを
好きであってほしい」という
エゴなんだよね。

個展会場などで絵本を販売していると、「この本は子供向けですか?」と訊いてくる親御さんが少なくない。

あれは、何をもってして「子供向け」としているのだろう?


昔の記憶は、もうほとんど残っていないけれど、親に気を使った日のことは鮮明に覚えている。


我が家はサラリーマン家庭で、4人兄弟。幸せだったけれど、裕福な家庭ではないことぐらい幼稚園の頃から分かっていた。

洋服や自転車は兄のお下がりで、リコーダーは買ってもらったけれど、習字セットは、やはりお下がりだった。当然、「お小遣い」なんて人生で一度も貰ったことがない。

誕生日ケーキは買うと高いから、毎年、母ちゃんの手作り。キウイが乗っていて、色合いはあまり良くなかった。

言わなかったけれど、友達の家の誕生日が羨ましかったな。

お正月になると、家族皆で大阪・吹田にある親戚の家に遊びにいった。親戚のオジちゃんや、お婆ちゃんがお年玉をくれた。

家計に余裕がないことは分かっていたけれど、「これ、家計の足しにして」と言って母ちゃんにお年玉を渡すと、母ちゃんが気を使うから、「ちょっと一時的に預かっといて」と言ってお年玉を渡し、返してもらうのを忘れることにした。

幼稚園の頃から、中学に入るまで、毎年。

年に一度だけ、家族全員で外食をした。

もう潰れちゃったけれど、近所にあった『やましげ』という定食屋さん。ステーキなんかも置いてあったけれど、もちろん、そんな高価なものを頼むわけもなく、下から2番目ぐらいに安いメニューを、これもやはり〝気を使っている〟ということを親に悟られないように、「これ、メッチャ好きやねん！」と言って好きでもないメニューを注文した。幼稚園の頃の話だ。

たしかに言葉は知らないし、身体も小さかったけれど、考えていることは今とさして変わらない。これは僕だけじゃなくて、皆さんもそうだと思う。

子供の頃、両親が喧嘩をしていたら、アホな子供のフリをして間に入った人もいるハズだ。「〇〇でちゅよ～」と話しかけてくる大人を気持ち悪いと思ったハズだ。

ところが親になった途端に、そんな記憶はスッポリ忘れて、「これは子供向けですか?」と言っちゃう人がいる。

実は僕の親も、そして幼稚園の先生もそうで、手渡してくれる絵本は、いつもフワフワのクマさんがいて、いつも優しい色の色鉛筆で描かれた〝お山さん〟があった。

もちろん、それが好きな子供もいるだろう。ただそれは好みの問題であって、年齢で分け隔てるものではない。


事実、幼稚園時代の僕は、親や先生が読み聞かせてくれる絵本の絵が退屈で退屈で、結局、プラモデル屋さんに走って、リアルに描かれた戦艦や戦闘機のパッケージイラストに胸を躍らせていた。

聞けば、タモリさんもそうだったらしい。だから、タモリさんと二人でスタートさせた絵本は、あんな感じになっちゃったわけだ。

「アイツらは子供のことをナメてんだよ」とタモリさん。

それには僕も同感で、「これは子供向けですか?」という言葉に対して、「なんで、子供よりも大人である自分のほうが理解力が上であるということを前提に話を進めてんの?」と思い、辟易する。

親や先生が考えている「子供向け」というのは、「子供なら、こういうものを好きであってほしい」というエゴでしかない。

親の段階で振るいにかけて、子供には選択肢なんてありゃしない。親は、クマさんや、お馬さんで、ニコニコ笑っている我が子を見たいわけだ。

それにより、「理解できるものしか与えないことで、理解できないものを理解する」という可能性を奪っている。

生きる上で何よりも尊い「成長」という行為をそぎ落としちゃって

いるわけだ。

親の頭では理解できないものを理解してしまう（しようとする）子供もいる。

「子供とは、かくあるべき」で、未来の可能性を摘んじゃダメだよね。


ちなみに、基本的に僕は年下を尊敬している。

アイツらときたら、今の僕らを見て「これはやめておこう」「これはマネしよう」と取捨選択して生きているわけだから、いつの時代も若い奴はスゴイよ。

とても勝てる相手じゃないし、支配できると思ったら大間違い。

27

授業中のスマホ使用禁止は時代錯誤

学校の先生はスマホ禁止なんかしている
暇があったら、スマホと共存できる
スキルを身に付けといたほうが
いいんじゃないかな。

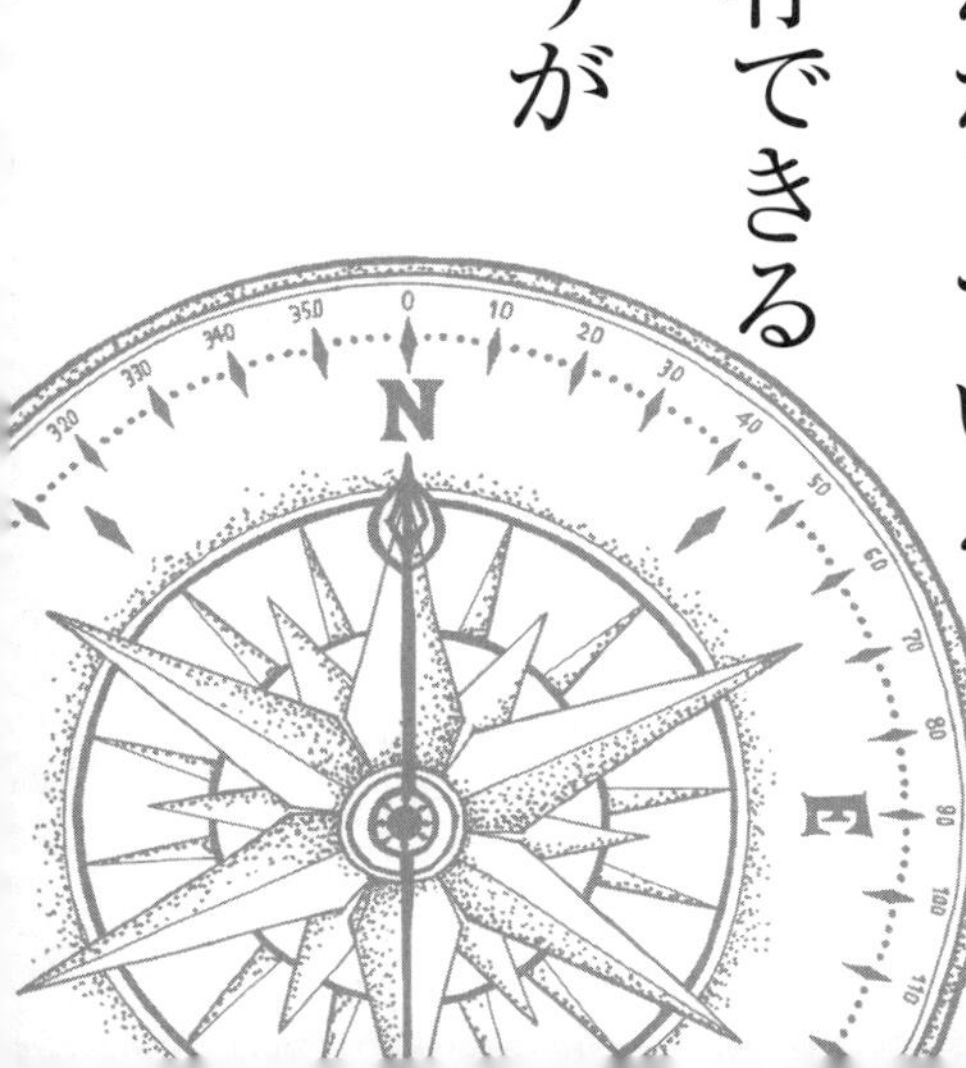

週に1度はYahoo！ニュースに登場し、3日に1度は炎上し、五輪の聖火ばりに燃え続けている僕には、もはやネット炎上の自覚症状などなく、「今、炎上してますね」と教えていただくこともしばしば。返事は決まって「どの案件ですか？」

出火場所は1つや2つじゃないのだ。

以前、フェイスブックに投稿した「授業中に〝話を聞かないから〟という理由でスマホの使用を禁止する先生はアホ」という記事も、やはりよく燃えた。

そして古くからのファンは、暖をとるように優しい目で見届けて、決して消火しようとはしない。アイツらめ。

フェイスブックに投稿した記事の内容の一部を抜粋する。

――「生徒が話を聞かなくなるから」という理由で授業中のスマホ

使用を禁止している学校の時代錯誤感と怠慢っぷりがハンパねぇー。

たとえば、授業中にスマホの使用を禁止している先生の言い分が、「光ったり、音が鳴ったりすると、他人に迷惑がかかるから」だったら納得がいく。

劇場で携帯電話の電源を切ってもらっている理由はそれだ。

他人に迷惑がかからないのなら、寝てもらってても構わないし、帰ってもらってても構わない。

んでもって、授業中のスマホの話。

「他人に迷惑がかかるから」ではなくて、「生徒が話を聞かなくなるから」という言い分は、どうなの？　先生の怠慢でしかなくね？　生徒家族から大金を徴収して、スマホに興味を持っていかれる程度の話しか提供できていないコトを棚にあげちゃってるんだもん――

これに対して、ある先生から「スマホ依存になっちゃってる子供達を見ると、無理やりでも距離をおく時間があったほうがいい」というご意見をいただいたんだけど、ご都合主義も甚だしい。

都合よく「スマホ依存」なんて言葉を使って社会問題と向き合っているように見せて、その実、「言うことを聞かないから取り上げる」というだけ。

そりゃスマホに持っていかれるよね。

難しい話じゃない。ただ単純に、生徒は面白いほうに流れているだけで、先生はそこと闘わなきゃいけない。

スマホの使用を禁止する前に、
発声の訓練をして、
人を惹き付ける喋りの訓練をして、

人を惹き付けるビジュアルの努力をして、
ショーの世界を覗いて勉強をして、
手や身体の振り方を研究して、
今の流行りを言えるようになることが先じゃないかな?。

これらの努力をサボっておいて、「話を聞かないから」でスマホ禁止は、もう軍隊のやることだよ。

「教師は聖職者だから、黙って言うコトを聞け」という時代じゃないんだよね。

そりゃまあ、この言い分が通っちゃうと都合が悪くなる人が大量発生するから炎上はするだろうなぁ、と思っていたので、炎上したって構わない。

だけど、炎上したって意見は変わらない。

どれだけ反論されようが、授業中のスマホ使用禁止は、先生の怠慢であり、そして何より時代錯誤だ。

もはやスマホは生活インフラになっているから。

学校にいる時間以外は、スマホを使っているわけだ。

紙やペンや地図や時計や新聞などの役割を、スマホが担っているわけだ。

スマホに馴染みの薄い上の世代の方には、こう説明すると想像しやすいかもしれない。


「授業中にノートと辞書を開くのは禁止」

今にも「いやいや、ノートとスマホは全然違う！　スマホにはゲームが入ってるし、スマホを使って、他の生徒とやりとりもできる」という声が聞こえてきそう。
だけど、どうだろう？
上の世代の方が、子供の頃。
つまんない先生の授業の時、ノートの隅に絵を描いていたと思う。
つまんない先生の授業の時、ノートを千切って、手紙を回していたと思う。
つまんない先生の授業の時、辞書を開いてエロイ言葉を検索していたと思う。

スマホの時代でも、紙とペンの時代でも、やるヤツはやるし、やらないヤツはやらない。原因はツールじゃないんだよね。
そして、今はスマホの時代だから、スマホを取り上げられて、力ずくで紙とペンを渡されると、とっても不便なわけだ。

上の世代の方が子供だった頃に、紙とペンの使用を禁止されて、筆と半紙とスズリを渡されているようなもの。

「いや、そんなの普段、使ってねーから」だ。

板書をノートに書き写したいヤツもいるし、黒板を写メで撮って、先生の話を聞くことに集中したいヤツだっている。

写メで撮れば、入院して学校に来れない子にも授業を届けてあげることができる。

今の時代、本当はその選択肢があるのに、「これまではこうだったから」というコリ固まった常識で、その選択肢を殺しているわけだ。

そんでもって、ここからは先生側の意見。

僕は月に一〜二度、大学の講義をしたりしてるんだけど、以前、高校にお邪魔した時に、学校全体が「スマホ禁止」になっていて、地獄的に面倒くさかった。

たとえば『クラウドファンディング』のことを教える時なんて、教科書に書いてあるクラウドファンディングの説明文よりも、実際にクラウドファンディングのページを見てもらうのが、一番てっとり早いんだもん。

「ちょっと、スマホで『クラウドファンディング』って検索してみてー」と言えないことで、バカみたいに回り道をしなきゃいけない。

ちなみに教科書は地獄的に遅れているから、クラウドファンディングのことが書かれている教科書など、そもそも存在しない。

なんでもそう。

たとえば美術の授業で、話が「伊藤若冲の絵」に飛躍した時に、教科書に「伊藤若冲」が載っていなかったら、

「ちょっと、スマホで『伊藤若冲 画像』って検索してみてー」

と言えばいいんだけれど、スマホが禁止されていたら、

「あの……まあ、家に帰って調べてみて」

としか言えない。

現代史なんて毎日アップデートされているのに、数年前に印刷された教科書を使い続けて、まるで現代史になっていない。

人は便利なほうに必ず流れるから、遅かれ早かれ、小学校……下手すりゃ幼稚園レベルから授業中のスマホ使用は必ず常識になる。

時代の流れを止められるわけがないんだから、学校の先生はスマホを禁止になんかしている暇があったら、いずれやってくるその日に向けて、スマホと共存できるスキルを身に付けといたほうがいいんじゃ

ないかな。
テーマは「禁止」じゃなく「共存」。先生、頑張って。

28

パクリの線引き

佐野さんの五輪エンブレムのデザインに関しては、書体を元ネタにしてしまったことから起こった「事故」だと思っている。

2015年、日本中を賑わせた東京五輪エンブレムの盗作疑惑。佐野研二郎さんがデザインし、正式に走り出していた東京五輪のエンブレムが、「おい、コラ！　ウチの劇場のロゴのパクリじゃねーか！」というベルギーの劇場からの蜂の一刺し。

そこから、「そもそも、あのコンペは出来レースだ！」と騒がれたり、佐野さんの会社がデザインしたトートバッグのデザインが他社写真の無断使用だったことなどが発覚したり、炎上に次ぐ炎上。ここから先は皆様もご存知のとおり。

この国で一度炎上してしまうと灰になるまで焼かれ続けるということを、地球上で誰よりも知っているのが私である。2位が品川庄司の品川さん。

それはさておき、モーレツなバッシングが収まり、国民の皆様が冷静になった今、当時のバッシングに対して僕がひっかかっていたことを2点だけ記しておく。

まず、東京五輪エンブレム選考委員を務めていらした平野敬子さんが内部の癒着疑惑を告発した件について。平野さんは自身のオフィシャルブログで次のような指摘をしていた。

「一部の審査員が何度も談合している。受賞作品を見ていくと一部の会社、関連会社が何度も受賞しており、1万点近い応募作品から10点のみが選ばれるのに、こんな事態は天文学的な確率だ」

この指摘には決定的な穴がある。

まず、絶対に押さえておかなきゃいけないのは、『コンクールはガラガラ抽選会のような確率論では語れない』いうこと。

「1万点近い応募作品から10点」という難関を、2年連続で突破できる確率は、1万分の10／×1万分の10＝1億分の100になって、3年連続となると、そこから更に1万分の10が掛けられて、それこそ「天文学的な確率」になる。でも、この算数には「1万人のトップ10に入った実力」が含まれていないんだよね。

M-1グランプリに置き換えて考えると分かりやすいかもしれない。第1回大会から第10回大会までで、累計数万組の漫才コンビがエントリーしたと思うけど、決勝に残るコンビは同じ20〜30組でグルグル回っていた。

審査員は「お笑い関係者」で、じゃあこれが「談合か？」というと、全然そうじゃなくて、単純に準決勝で爆笑をとるメンツが、毎年ほぼ一緒だから。

つまり、決勝の当落線上に上がる実力を持っているコンビが、その

20〜30組だったわけだ。『笑い飯』さんが毎年決勝に上がっていたけど、それは「天文学的な確率」じゃないんだよね。〝実力があるから残ってしまう〟というだけのこと。

それでも強引に確率論で語ってみると、今年の決勝のメンツと翌年の決勝のメンツが、同じメンツになる確率のほうが圧倒的に高い。だって、決勝に残る実力があるから。

五輪エンブレムの審査の「談合」の指摘は、この部分が抜けていた。

次に、本題である「ベルギーの劇場ロゴのパクリなんじゃね？」という問題。これを語る時はまず、ベルギーの劇場ロゴが「ステンシル体」という書体をベースに作られており、佐野さんのエンブレムが「ローマン体」という書体をベースに作られていることを把握しておかなければならない。そんでもって、このステンシル体とローマン体というのが、そもそも似ているわけだ。そうなってくると、「作っちゃったら、偶然似ちゃったんです！」という言い分は、あながち嘘でもない。

お笑いで喩えるなら、「〝医者と患者〟の設定でコントを作ったら、ボケがかぶった」という状態。

これは大雑把にわけると犯罪ではなく事故なんだけれど、ただ、「そりゃ、〝医者と患者〟という手垢でベタベタの設定で作っちゃったらボケもかぶるよ。あたりめーだろ」である。

問題は、ここにあるんだよね。

佐野さんのデザインは〝展開力〟が評価されていたけど、そもそも書体って……もっと言えばアルファベットって、カーブや丸や直線の組み合わせで展開していくことを前提に作られている。

「そりゃ、アルファベットを元ネタにすりゃ展開力があるに決まってんじゃん」って話で、品種改良された「お米」を食べて「この『お米』はオカズに合う！」と言っているようなもの。いや、そもそもお米ってオカズに合うから。

ただ、批判しているわけではなく、トートバッグなど、過去にデザインした商品の盗用疑惑の件はさておき、五輪エンブレムのデザインに関しては、僕は書体を元ネタにしてしまったことから起こった「事故」だと思っている。

しかし、この理由をどれだけ説明しようが、世間からは「パクリ」とされてしまう。何故か？

これは、世間の皆様が本能的に持っている「パクリの線引き」なんだけど、世間が「パクリだ！」とジャッジを下す線引きは、つきつめると「似ているか、似ていないか？」じゃなくて、「面白いか、面白くないか」ということなんじゃないかな？

あのエンブレムを発表した瞬間が勝負で、あの瞬間に、あのデザインが国民の気持ちをワシ掴みにしていたら、後からの訴えをはね除けることができたと思う。

昔、GOING STEADYというバンドが『銀河鉄道の夜』という曲を発表した時に、「ユーミンの『守ってあげたい』のパクリだ！」という声が上がったんだけど、「たしかに、似てるね。でも、この曲、良くね？」と丸く収まった。つまり、「面白い」が勝っちゃったわけだ。

『テトリス』の後に出てきた『ぷよぷよ』も、そんな感じ。

パクリの線引きは、「面白いか、面白くないか」。ここだと思う。だから、佐野さんの一件は「パクリではない！」と主張しても無駄だったんだよね。

29

五輪エンブレムと「マズ味調味料」

物事を効率よく拡散させるには
反対意見が必要。だから仕上げに、
反対意見を生む
「マズ味調味料」をふりかける。

佐野研二郎さんの五輪エンブレムの盗作疑惑についてギャーギャー言っている暇があるなら、その時間を使って「僕なら、こういうモノを作ります」と提示したほうが有意義だと思い、素人ながら、五輪エンブレムを作ってみることにした。

モーレツなバッシングを浴びている時から、「コレ、ヘタすりゃ、佐野さんのエンブレムが白紙撤回されて、一般公募とかになるんじゃね？」と思っていたら、本当に、その通りになっちゃったから驚いた。

実はかなり早い段階から、白紙撤回されることを見越して、「あわよくば自分が五輪エンブレムのデザインを……」と動いていたのだ。

さて、なんてったって五輪エンブレム。

バナーに使われたり、Tシャツに使われたり、マグカップやピンバッジなど、様々なものに使われることになる。そうすると、一にも二にも「展開力」が必要だ。

しかし、だからと言って、アルファベットをモチーフにデザインしてしまうと、たしかに展開力はあるけれど、佐野さんの二の舞いで、どこかの誰かが「これはウチのロゴに似ている！」と怒鳴り込んでくる可能性がある。

そこで〝和柄〟に目をつけた。

柄であれば商品の形は変幻自在、さらに和柄は日本国民の財産であり、誰のものでもなく、なにより、「日本ですよー！」が前面に押し出せてイイ。

そして、日本画や着物などの「和柄モノ」を片っ端から漁っているうちに、東京の伝統工芸品「江戸漆器」に辿り着いた。

今回は東京五輪なので、江戸漆器をモチーフにすることに決めた。

ただ、東京開催とはいえ、オリンピックは東京のものではなく、世界のものであり、スポーツを通じて、五大陸が一つになることが最大の目的だ。

なので、江戸漆器の「東京でっせ感」は2番目にして、4つの羽と1つの胴体、計5つのパーツ（五大陸）が力を合わせることで飛ぶことができる「蝶」のデザインを一番前に押し出した。蝶の羽の柄が「和柄」だ。

オリンピックとパラリンピックのエンブレムは並べられる機会が多いので、蝶を左右対称に描き、並べられた時に「泥にまみれながら美しい花を咲かせる」蓮の花になるよう工夫した。

「泥にまみれながら美しい花を咲かせる」というのは、もちろん選手のことね。

この「和柄の蝶」が本命の応募する作品。

で、ここからはＳＮＳでアップする〝牽制球〟を作る。

まず、一般公募が始まる前に「このアイデアはキングコング西野っぽいからやめておこう」と皆が手を引くような布石を打っておこうと思った。

自分が応募する作品のデザインが他と被らないようにするために、〝応募するエンブレムとは確実に別のものだけれど、しかし、その匂いが残っているエンブレム〟をＳＮＳ上で先にアップし、バズらせて、他の参加者を牽制しておこうというわけ。

五輪エンブレムの応募要項には「既に公表されているものと同一または類似のものは審査対象外とする」とあるので、この一線を越えない範囲で。

「類似のものは審査対象外」なので、蝶のアイデアも、江戸漆器も完全に消して、「和柄」で牽制することにした。

そういえば、花は「一輪、二輪……」と数える。そんでもってオリンピック（五輪）だ。そこで、五輪マークの五つの輪を「花」にしてみた。

もちろん、五輪マークをモジってはいけないことなど百も承知。

「五輪マークはモジっちゃダメなんだよ。西野は何も分かっちゃいねーな」という反対意見を生むことが狙い。花も「桜」ではなく「菊」にして、「桜のほうが良くね？」という反対意見を生んでみた。

ここで、わざわざ反対意見（アンチ）を生むことの重要性を説明しておく。

ＡＬＳ（筋萎縮性側索硬化症）の研究を支援するため、バケツに入った氷水を頭からかぶるか、またはアメリカＡＬＳ協会に寄付をするか、という運動『アイス・バケツ・チャレンジ』は、日本でも大流行。あの運動が何故あそこまで流行ったか、その理由は、「反対意見があった」というのが大きかったと思う。

セレブ同士でバトンを繋いでいる「なんかハナにつく感じ」と「病気のことを、お祭り騒ぎでやっちゃうのって、どうなの？」という反対意見。

それが、「どうであろうが、お金が集まれば助かる人が増えるんだからいいじゃない」という意見とぶつかって、議論されている間、ず

〜っと『アイス・バケツ・チャレンジ』の宣伝になってたんだよね。

10人が10人「素晴らしい」と言ってしまうような企画であれば、議論はおこらず、早めに収束し、あそこまで大きな運動にならなかったと思う。

物事を効率よく拡散させるには議論を生むことが必要で、反対意見が必要だ。

そこで仕上げに、反対意見を生む「マズ味調味料」をふりかけてやることが大切だと考えた。

五輪エンブレムに話を戻す。

五輪をモジったデザインは、「和柄は僕がやりますよ〜」という牽制球なので、拡散されればされるほどイイ。なので、「マズ味調味料」をキチンと加えておくことが必要だ。

ちなみに捨てる用のデザインなので、ここではクオリティはあまり重要ではない。

より広い範囲の拡散が目的なので、ツイッターのフォロワーと一緒にエンブレムを作ることにした。

結果、ツイッターにアップした牽制用の五輪エンブレムは数万件リツイートされ、テレビのワイドショーなどでたくさん取り上げられ、「和柄は西野がやりまっせ」は少なくとも五輪エンブレムの公募を考えている人達には確実に伝わったと思う。

しかし、これによって「あ、『和柄』という手もあるな」と考えた人も同時に生んでしまったかもしれない。

つまり、ここまで書いておいて何だけど、ふたを開けてみたら牽制球としては、あまり機能しなかったと思う。

だけど、どうだっていいんです、そんなこと。
ここでの収穫は、「マズ味調味料」の拡散効果を知れたこと。
「ここに石を置くと、相手はこう動く」という仮説からの、実験と結果。
その過程が楽しいのです。

30

『負けエンブレム展』の意外な結末

『負けエンブレム展』を発表したら
ブログのPV数は90万に。新聞や
テレビでも話題となり、民放全局を
巻き込んで記者会見まで開いた。

佐野研二郎さんのスッタモンダがありまして、今度は一般公募となった五輪エンブレム選考。応募総数は1万4599件と、国をあげて仕掛けたイベントにしては、いささか盛り上がりに欠ける数字だが、注目度はバツグンだった。

かくいう僕もキッチリと参加。僕が考えたエンブレムは「和柄の蝶」。

東京の工芸品である「江戸漆器」をベースに、1つの胴体と4つの羽、計5つのパーツ（五大陸）が力を合わせることで空に飛ぶ蝶をデザインした。せっかく東京でやるんだし、日本らしいデザインがいいなあ、と思って。

結果、最終候補4作品が発表された瞬間に和柄の蝶は墜落してしまったんだけれど、それはさておき、残った最終候補を見ると、

「ずいぶん無難なのが残っちゃったなぁ」

と国民全員が思った。


同時に、またもや「出来レースだ！」「選考委員会との癒着だ！」という1ミリのヒネリもない罵声がアチコチで上がった。

そんな騒ぎを見ているうち、「落っこちちゃった作品の中に、もしかしたら、もっと良いのがあったのでは？」と考えるように。

僕は芸人なので、どう転んでも良かったんだけれど、デザインでご飯を食べている方からすると今回の公募は人生を180度変えてしまうかもしれない大チャンスで、相当、力を入れて臨まれたに違いない。

それらの作品が人知れず死んでしまうのも、もったいない。

というわけで、五輪エンブレムの最終選考に選ばれなかった方を対象に、僕のブログ上で、僕の独断と偏見（なのでクレームは1秒も受け付けない）で大賞を決める『負けエンブレム展』を開催することにした。

選ばせていただいた作品の下には、作家さんの名前と連絡先を入れて、仕事のオファーができるように。そして大賞には賞金10万円を用意させていただいた。

1週間という応募期間で約500作品が集まった。

その全てに目を通してみて、率直な感想は、「最終選考に、あの4作品が残るのは分かる」というものだった。僕が五輪エンブレムの選考委員でも、かなりの確率で、あの4作品を残していたんじゃないかなぁ。

というのも、送られてきた５００作品の、８割近くが「日の丸」をモチーフにしたデザインだったのだ。もちろん、その日の丸デザインの中にも素晴らしいデザインはあったのだろうけれど、同じ味が続くと、他の味を欲して、美味しく感じてしまうのが人間で、選考委員会は、その人間だ。

たった５００作品でも、「また日の丸……ああ、またまた日の丸、もいっちょ日の丸……」と辟易したので、１万４５９９作品ともなると……胸中お察しいたします。

つまり、「日の丸をモチーフにした時点でかなり不利に働いた」ということ。

これは『負けエンブレム展』なるイベントを開催したから分かったこと。

当初は「選考委員会の目はフシ穴なんじゃゃね？」とチクリと刺して

やろう思っていたんだけれど、結果、「いやいや、選考委員会の人達はキチンと仕事をした」という一番の肯定派になっちゃった。

『負けエンブレム展』の開催を発表した当日のブログのPV数は90万。新聞やテレビでも大変な話題となり、ついには民放全局を巻き込んで記者会見も開くこととなった。

そこで、お伝えしたのは「やってみた結果、僕も審査員の方と同意見です」という、当初は考えられなかった超平和解決。

ひとつだけチクリと刺したのは、優勝賞金10万円がかかっている『負けエンブレム展』の大賞を、主催者である自分にしたこと。

インタビュアーの方に、「どうして自分にされたのですか?」と訊かれたので、「オマージュです」と答えましたとさ。

31

「空気を読む」の価値

空気なんて読めて当たり前。人が多いほうを選べばいいだけだから。ただ、「空気を読む」という行為が、正解か？　となると、それは、また別次元の話。

ときどき、ら抜き言葉の指摘に人生を捧げている歯抜けババアに出くわすんだけど、「日本語の乱れをウンヌンカンヌン言うんだったら、『申し上げ奉り候』を一生言ってろ」と追い返して、だいたいブチ切れられる。正論バカは今日もタチが悪い。

「煮詰まる」の本来の意味は、議論や話し合いで考えやアイデアが出尽くして、そろそろ結論が出る段階のことなんだけれど、今は「八方塞がり」や「頭打ち」といった意味で使われている。「的を射る」は「的を得る」になり、「とても美味しい」は「超うめぇー」になった。でも、別にいいじゃんね。

星の数ほどの理不尽を抱え、首を23・4度ほど傾げながら、それでも地球は容赦なく回るのだ。常に変化していく時代の流れを、ポコチンに支配されてしまう人間ごときが止めれるハズがない。

そもそも、言葉というのはコミュニケーションをとることを目的として生まれたんだから、よりスムーズなコミュニケーションがとれるように言葉を効率化させることは、言葉本来の目的から1ミリも外れちゃいない。

時代にルールが合わなくなってきたら、ルールを変えればいい。なにより大切なのは人類を前に進めることだ。

それらを踏まえた上で、今一度、「空気を読む」という言葉の意味を定義しておいたほうがいい。今いる場所から前に進むためにだ。

今、「空気を読む」は、「多数派につく」という意味で使われている。

小舟と大船があったら、大船に乗ることを「空気を読む」としている。

とにかく人が多いほうをチョイスすることを「空気を読む」としている。

とすると、「空気を読む」という能力には何の価値もないんだよね。

「俺は空気が読める」とか言っちゃう奴には知性の欠片もない。空気なんて読めて当たり前。パッと見て、人が多いほうを選べばいいだけだから。皆が黙っていれば、黙ればいい。それだけ。

ただ、「空気を読む」という行為が、正解か？　となると、それは、また別次元の話。

どれだけ船が大きくても、タイタニック号に乗れば、数時間後には沈むわけだから。

大切なのは、航路や船底や積み荷量を点検し、キチンと目的地に着く船を選べる能力を養うことだ。

「大局観を持つ」と表現されることもあるその能力こそが「空気を読む」の本分なんだけど、今、「空気を読む」という言葉は、それとは違った意味で使われている。

ただ、先に書いたとおり、「皆、『空気を読む』の意味を、はき違えている！」と叫んだところで、もうこの流れは止めることはできないので、そんなことを言うつもりはない。

「空気を読む」という意味は今のままでいい。空気を読みたい奴は読めばいいと思う。大きな船が安全に目的地に着く場合もある。むしろ、そのほうが多い。

なので、決して、「少数派を選べ」という話をしているわけではない。踏まえておいたほうがいいのは、「選考理由を『人数』にしてしまう、今の時代の『空気を読む』という能力には、何の価値もないよ」という話。

Magical compass
The way to go where there is no path
Akihiro Nishino

4章　未来の話をしよう

32

セカンドクリエイター時代

セカンドクリエイターが
人口爆発を起こしていて、
その数は、いわゆる純粋な
受け手を食わんとする勢い。

ツイッターやフェイスブック、ＹｏｕＴｕｂｅやニコ生、Ｉｎｓｔａｇｒａｍなど、今はプロ・アマ問わず、各々がメディアを持っている。

つまり、誰でも発信者になることができる時代だ。

これまで作り手と受け手の二極であったのに対し、この時代は、「本業にするほどではないけれど、なんとなく作り手側も味わってみたい」という第三極目を生んだ。

「客ではあるけれど、制作にも少しタッチしていますよ。いや、むしろ制作にタッチしているからこそ、熱心な客なんですよ」という、ラジオでいうところの〝ハガキ職人〟のような。僕はその人達のことを「セカンドクリエイター」と勝手に呼んじゃっている。

実は今、このセカンドクリエイターが人口爆発を起こしていて、その数は、いわゆる純粋な受け手を食わんとする勢い。いや、もう、とっくに食っているかもしれないね。

こうなってくると、これまでのように純粋な受け手に向けて発信していたコンテンツよりも、セカンドクリエイターに刺さるコンテンツのほうが力を持ってくる。

セカンドクリエイターに刺さるコンテンツとは何か?

それは、こちらがハードだけを作って、「ソフトを作ってください」というものだと思う。

つまり「ファミリーコンピューターはコッチで作りますから、カセットはあなた方で作ってくださいね」というエンタメ。

身近なところでいうと、LEGOブロックであったり、紙粘土だったり。

「俺が作った作品を見ろ！」ではなく、こういったセカンドクリエイター心をそそらせる外枠作りこそが、これからの時代のクリエイターがやらなきゃいけないことなんじゃないかな？

昨年の渋谷ハロウィンゴーストバスターズは、その発想で作った。

「ゴーストバスターズのコスプレは各々で作ってきてください」

「集めたゴミで巨大なアート作品を作ってください」

これが上手くハマった。

僕は、こういうものをドンドン作っていきたい。

そして企画だけでなく、最終的には自分自身も、そういうモノになりたい。

僕の身体がハードになれば、それが一番理想だ。

そう思って、絵本の原画のリース代を無料にして、誰でも『にしのあきひろ原画展』を開催できるようにし、僕の使用権利をフリーにして、誰でも『西野亮廣独演会』という僕一人のトークショーを開催できるようにした。

これらの制作は一般の方で、吉本は介入していない。

セカンドクリエイター時代に必要なのは、丁寧な外枠作りと、ソフト作りを委ねる勇気じゃないかな。

33

マイナスをデザインする

お客さんの胸を躍らすために大切なのは、
プラスを追い求めることはもちろん、
〝マイナスをデザインすること〟が
カギになってくる。

生放送が上手くいったり、キャスティングが上手くいったり、ライブのチケットが完売したり、美術セットが完成したり、個展の来場者数が1万人を突破したり……。

こういった作り手側の不安（ストレス）からの解放は、これ間違いなく「娯楽」で、これからのセカンドクリエイター時代に提供すべきものは、この〝作る〟という娯楽だと思う。

ちなみに、〝作る〟という娯楽は昔からある。

それこそパズルやプラモデルなんてそうだ。バラバラのパーツを組み立てるなんて、〝作る〟という娯楽のド真ん中。決して一方通行ではなく、実にインタラクティブで今っぽい。

しかし、パズルやプラモデルには、「必ず無事に完成する」という安心が保証されてしまっている。つまり答えが決まってしまっているわけだ。

僕は、セカンドクリエイター時代のエンタメは、その安心が保証されていない娯楽に向かうのではないだろうかと考えている。

パズルやプラモデルのような「いつか必ず完成するもの」から、LEGOや紙粘土のような、「上手くやれば素晴らしいものができるけれど、下手をすると……」という不安が含まれるようなもの。

その時にお客さんの心に発生する「はたして上手く作れるだろうか？」という不安が内包されてるものに、これからのエンタメは向かっていくんじゃないかな。

ホラ、世界の幸福度ランキングみたいなので、「日本の幸福度は低い!!」なんてことを勝間和代さんあたりがギャーギャー言ってるけど、そんなの低くて当たり前で、幸せを感じる瞬間というのは、その1点の数値じゃなくて、伸び率だと思うんだよね。

「昨日から今日を指している矢印の角度」こそが幸福度で、半径50メートルに当たり前のようにコンビニがある国の幸福度なんて低いに決まっている。

10点から40点に伸びたら「幸せだなぁ」と思えるけれど、95点から96点に伸びたところで、さほど幸せは感じられないわけだ。

で、エンタメに話を戻すけど、お客さんの胸を躍らすために大切なのは、プラスを追い求めることはもちろんのこと、それだけではなく〝マイナスをデザインすること〟がカギになってくる。

ディズニーランドの入場ゲートなんて良い例だね。

駐車場があれだけ広くて、受け入れ態勢はバッチリなのに、チケットを買った後の入場ゲートで超並ばされるでしょ？　あんなもの、レーンを増やせば解決するじゃない？　でも、あのストレスがあるから、ようやく中に入れた時の解放感が生まれる。

95点のサービスからの100点のシンデレラ城よりも、20点のサービスからの100点のシンデレラ城のほうが、シンデレラ城がより楽しくなるんだよね。

こんな感じで、次世代のエンタメの形は「その先の解放をキチンと準備してあげた上で、お客さんに苦労させる外枠を作ること」だと思う。

つまり、マイナスをデザインすることだと思う。

僕が一人でやっている『西野亮廣独演会』というトークライブの札幌公演があった。

札幌公演では、お客さんが企画して、お客さんが劇場を押さえて、お客さんが吉本興業と交渉して、お客さんがチケットを手売りして、チケットが完売して、お客さんが「やったぁー!!」と満面の笑みで叫んでいた。まだライブは始まっていないのに、この調子だ。

「チケット完売、お疲れ様会」なる打ち上げもしたらしい。

ライブ前からライブが始まっていて、ライブ中は、一笑いする度に「よし！　よし！」と心のガッツポーズをしたらしい。

これらは「ライブ、上手くいくかなぁ」というストレスからの解放だ。「笑い＋α」の快感が確実にそこにある。

この形が正解なのかどうかは、まだまだ分からないけれど、一つの可能性には違いない。引き続き実験してみることにする。

34

ファンクラブの必要性

昔のように、テレビへの露出と集客が
比例しなくなってきている。
だからこそ、ファンクラブの有無を、
見直す時期にきている。

僕は月額1000円でオンラインサロンをしている。昔風に言うと「ファンクラブ」。会員は現在400名ほど。

会員は、一般の方から、起業家、写真家、テレビマン、デザイナー、音楽家、ホームレス、果てはお坊さんまでバラエティーに富んでいる。

最初は『シナプス』というオンラインサロンのプラットフォームにお世話になろうと思ったんだけれど、シナプスさんの仕事の役割が、「課金の手続き」と「フェイスブックの限定公開のグループへの誘導」という2点だったので、「これなら、自分でやれる」と思って、『BASE』(30秒でネットショップを開設できるサイト)で、フェイスブックの限定公開の招待券を販売し、購入してくださった方をグループに招待した。自分でやっているので手数料はゼロ円だ。

フェイスブックの限定公開ページでは、公式発表前の仕事のことや、プライベートなこと、オフィシャルの場で書いたら激しく炎上する案件（覚醒剤や不倫や戦争のことなど）をツラツラと書いている。あとは、デザイナーを集めてグループを組んで五輪エンブレムを作ったり、そうそう、加筆修正することを目的として、この本の下書きの文章をアップし、そこで反応を見たりもした。

オンラインサロンの会員との交流はフェイスブック上だけでなく、リアル空間でもおこなう。ときどき「オフ会」なんかもしちゃうのだ。

友人の店を貸しきって、ずいぶん遅くまで語り、相談に乗り、時には、歌わされたりもする。

僕は「何それ？　面白いの？」というような、まだ誰も知らない……僕自身も結果が見えていないような企画（渋谷ハロウィンゴーストバスターズのようなコト）を仕掛ける機会が少なくないので、「まぁ、どうなるか分からないけど、西野がやるんだったら手伝うよ」という企画内容ではなく、〝僕に賭けてくれる方々〟がいてくれないと、企画が着火するまでに時間がかかってしまう。

なので、僕が待ち合わせ場所になって、そこに集まった方々が、「今度は一緒に行こうよ」と横でつながってくれることが何より嬉しい……というか助かる。

そういう意味で僕にはオンラインサロンが必要なわけです。

僕のいる業界（お笑い界）では、お客さんと交流を持つ行為を、どこか「ヨゴレ」みたいに扱ってしまう風潮があって、いわゆるファンクラブ的なものを持っている芸人は、ほとんどいない。

そのほうがメリットがあるから、そうなったのだと思うけど、「まだ誰も知らないような新しいことを自分から仕掛けにくい」というデメリットもある。


あと、「ファンクラブを作らない」みたいな、お笑い芸人の風潮は、せいぜい、ここ30~40年程度で、全員がテレビを観ていた（テレビの影響力が強かった）時代と重なるんだよね。テレビの露出が、そのまま集客に繋がっていたから作る必要がなかったわけだ。

この時代に生まれ育った僕らは、それが当たり前になっていたけど、しかし、どうやら今までが特殊だったらしい。

エンタメの歴史を遡ると、いつの時代も演芸とファンクラブはセットになっているし、今も、お笑い芸人以外のエンタメにはファンクラブ（お客さんとの交流）がキチンとある。落語家さんにしても、歌舞伎役者さんにしてもそう。アイドルなんて言うまでもなく。

「テレビで面白いことがやれなくなってきたから、ライブをする！」と言っている芸人のライブ会場が空席だらけになっていることは、もはや珍しくない。

それこそ、ゴールデンで『はねるのトびら』をやっていた時の自分がそうだった。

昔のように、露出と集客が比例しなくなってきている。

当然だよね。面白い部分をテレビで見せれていない人に、時間とお金を使う理由がないんだもん。

でもって、集客ができないもんだから、面白いことがやれなくなってきたテレビに依存しなきゃいけなくなる悪循環。

面白い仕事を自分で作れるようになっておかないと、テレビ視聴者のメインターゲットが「オバチャン」になってしまった今、かなり危険なんじゃないかな。

ファンクラブの必要性を見直す時期にきていると思う。

35

スナックは最先端のエンタメ

国民全員が情報を発信できるようになった
セカンドクリエイター時代に
求められるのは、「待ち合わせ場所」だ。

インターネット上で投げ銭ができる仮想ライブ空間を提供している『ＳＨＯＷＲＯＯＭ』代表の前田裕二さんと「スナックを作ろう」という話で盛り上がっている。

全国各地に数多ある寂れた商店街で、一番最後まで生き残るのはスナックで、理由は魚屋さんや肉屋さんのようにコンテンツを売っているのではなく、そこで過ごす時間や体験を売っているから。

これぱっかりは、近所に新しくできたショッピングモールでも太刀打ちできない。ショッピングモールが、寂れた商店街の中にあるスナックよりも、更に安くて更に美味しい「乾きもの（ツマミ）」を提供しようが、そもそもスナックに通っている人達は「乾きもの」のクオリティーを求めてスナックに通っているわけではないから。

もっと言っちゃえば、スナックに集まる人達は、お酒をこぼしたら、「ママ、ごめん！」と言って自分達で床を拭くし、万が一、ママが酔い潰れようものなら、自分達の接客を自分達でやって、お金を払って帰っていく。

スナックの強みは「待ち合わせ場所」であることで、国民全員が情報を発信できるようになったセカンドクリエイター時代に求められるのは、間違いなく「待ち合わせ場所」だ。

サービスを提供する側と受ける側の境界線が曖昧になり、そこにいる全員が演者で、全員がお客さんになってしまうようなスナックこそが、今、一番新しいエンタメではないだろうか？　という話を前田さんとしていて、ついに、「勉強がてら、一度スナックを作ってみる?」となった。

こんな話をすると、「スナックが相手にできる人数なんて限られてくるじゃん。それ、エンタメ(事業)として大きくなるの?」というツッコミが入るんだけど、そんな声は無視。完全に無視。むーし。

僕らは机の上で知り得る情報ではなく、まずは自分達が現場に立つことでスナックの強さを肌で知りたくて、そこで「ああ、なるほど。だからスナックって潰れないのね」を体験し、骨に刻んで、強さも弱さも把握してから、一番適切な戦い方を考えればいいと思っている。

まずはスナックを作ってみる。

皆は全然違うオアシスに向かっているけれど、

「でも、あの辺りを掘ったら水が湧きでる気配が、やたらするんだよなぁ…」

「あ、西野さんも？」

「え？　前田さんも？」

という感じが今で、「あの辺り」というのがスナックです。

36

テレビＣＭについて

「続きは……ＣＭの後で！」からの、
「ズコーッ！」「ここでＣＭかよぉ～！」
というノリ。何十年も続いているけれど、
あれは激しく間違っている。

テレビ番組はCMスポンサーさんにお金を出してもらって、ようやく流せている。

番組制作費ウンヌンカンヌン……もちろん出演者のギャラもスポンサーさんから出ている。そこまでの大金をスポンサーさんが出す理由は、「自社のCMを見せたいから」に他ならない。

CMを見せたいけれど、CMだけ流しても見てもらえないから、〝CMの間に番組を流している〟というわけだ。これがテレビの大前提で、ここを抜きには語れない。

ときどき「嫌ならテレビを見るな」と言っちゃうタレントさんがいるけれど、それは客寄せパンダが「パンダが気に入らないなら動物園に来るな」と客を追い出すような行為で、それはやっちゃダメ……というか、パンダにはその権限がないんだよね。

「客寄せパンダとして呼ばれ、お金を貰って生活しているわけだから、客寄せパンダとして努めるべき。それが嫌なら、客寄せパンダをやめろ」というのが僕の意見。

ここからは、それを踏まえた上での話。

「続きは……CMの後で！」からの、「ズコーッ！」「ここでCMかよぉ〜！」というノリ。もう何十年も続いているけれど、あれ、激しく間違ってない？

CMを邪魔者に仕立て上げて得をする人は一人もいない。

そんなことを続けていたら、そりゃCMは忌み嫌われるし、そりゃCMスキップ機能は生まれるし、当然、CM効果もない。

そそそものお金を出してくれているスポンサーさんからすれば「いやいや、ここからのCMを見て欲しくて、お前らにお金を出してるんだよ」が本音だ。

もっと言えば、テレビ番組の視聴率はCM中もカウントされているわけで、つまり「CMも含めての番組視聴率」なわけだ。

それなのにテレビマンは「今から邪魔なモノが流れますよ〜。ちょっとの間、我慢してくださいねぇ〜」と言わんばかりのネガティブなアナウンスをして、視聴者を突き放して、ついには「最近、テレビ離れが激しい……」と頭を抱え込む。

狂気の沙汰だよ。

いやいや、お前がテレビから視聴者を引き離してんじゃん、である。

番組とCMを切り離す〝あのノリ〟で全員が損をしている。やめたほうがいいよね。

ただ、「続きは……CMの後で！」「ズコーッ！」は、そもそもチャンネルを替えられないために生まれた手法で、それをやめるとなると、それに代わる、番組を見続けてもらうためのアイデアが必要となってくる。

そこで面白かったのがTBSの『オトナの！』という番組。この番組は、普段仲良くさせてもらっている角田陽一郎さんが仕掛けた番組で、内容はもちろん、番組作りの仕組みからイチイチ面白い。

『オトナの！』は、まず、「テレビ局がスポンサーからお金を貰って、各番組に制作費を配分し、そのかわりにCMを流させる」というルールから飛び出して、番組がスポンサーからダイレクトでお金をもらう独立採算の形をとっている。

そうすると、どういう変化が起こるかというと、信じられないことに、視聴率がゼロでも続くんだよね。

そんでもって、「視聴率がゼロでも続くんだから、視聴率を持っているタレントさんをわざわざ出す必要がないので、僕が本当に面白いと思っている人だけ出しまーす」と角田さん。その言葉に嘘はなく、ときどき、「あんた、誰やねん」なオッサンが出演していて、それがことごとく面白い。

そういった意味で異常に敷居の高い番組なので、タレントさんにとって『オトナの！』に出演することがステータスになってきているから、更に面白い。


「今のテレビって『面白いことを言う人』は出ているけれど、『面白いことを考えている人』は出ていないじゃないですか。面白い考えを説明するのには、ある程度の時間が必要で、その間にチャンネルを替えられてしまうから。

だから、ウチの番組は『面白いことを考えている人』に時間を割いて、面白い考えを話してもらうんです。

視聴率？　あ、そういうの大丈夫です。ていうか、『面白いことを考えている人』を知ってもらうことが一番の目的なので、放送終了後、ＹｏｕＴｕｂｅに丸々アップしちゃいます」と角田さんは言う。

天才すぎる。

たとえば、こういうテレビの作り方もあるわけだ。テレビの希望だよなぁ……と思っていたら、その番組が終わっちゃった。

「何してんだよ、ＴＢＳ」と思ったけれど、いやいや角田陽一郎には考えがあった。この男、要チェックです。

37

お笑い芸人がライブで食っていけない理由

独演会のお客さんが終演後に近所の居酒屋で
呑んでいるツイートを見つけてしまった。
なぜ、こんな当たり前のことに
今まで気付かなかったのだろう？

ある時、30年後も40年後も「お笑い」を続けていたいと思った。

グルメ番組や情報番組に挟み込む面白いコメントや、面白いリアクションのことではない。それも天才的にスゴイ仕事なんだけど、ここでいう「お笑い」は、たとえば独演会であったり、キングコングの単独ライブであったり、僕が思う「面白い」を純度100％で出せるような、そういったもの。

テレビでそれができるようになって、国民の皆様に面白がってもらえたら、それが一番イイ。

僕の活動柄、テレビに興味がないように受け取られることが多いんだけれど、どっこいテレビには未練タラタラで、「テレビを面白くしたいし、その時、ド真ん中にいたい」と思っている。

さて、そのためにはどうすればいいか？

まずは、テレビに対して「NO」が出せて、テレビと交渉ができる状況を作る必要があると考えた。

「コッチで飯を食えてるし、メッチャ幸せだし、俺、テレビに出なくてもいいんですよ。でも、〝それでも〟と言うのなら……」という交換条件が出せる状況。

もう一つ言っちゃうと、「干されることを気にして発言や行動を制限していたら、飛びぬけて面白いことができないなぁ」と考え、外堀を埋める必要があると結論した。

てなわけで、数年後、面白いテレビの真ん中にいるために、テレビに追いかけられるようになるまでは、テレビ以外の活動を充実させることにした。

となると、1にも2にも集客だ。

ライブをするにも、演劇の舞台をするにも、本のサイン会をするにも、何をするにも「集客力」がついてまわる。ここを強化しない限り、テレビ以外の活動を充実させることはできない。そして、その先にあるテレビを面白くすることができない。

そこで、これまで数百人キャパの会場で続けてきた単独のトークライブ『西野亮廣独演会』の会場を日比谷公会堂に移し、一気に2000人キャパに広げた。

2000人呼べる保証なんてどこにもなかったんだけど、強制的に受け皿を大きくして、そこに自分の身体を合わせにいこうという作戦。

そこまで追い込まないと、緩やかな右肩上がりで、結局、目的地に辿り着けずに終わりそうな気がしたので。

結果、２０００枚のチケットは完売した。

クラウドファンディングの時に覚えた「素潜りで一人一人突き刺していく」作戦をここでも使い、ツイッターで自らの出没情報を出し、その場所に来てもらい、手売りをしたのだ。

「チケットを本人のところまで買いに行く」というのがイベントとなり、チケットが「おみやげ化」したわけだ。

チケットを手渡ししながら、あれこれ喋っていると、「やっぱり、もう一枚ください」という声が少なくなかった。お笑いライブに興味がない友達も連れてきたい、と。

なるほど、これは大きな収穫だった。

たとえば『チケットぴあ』には、ＴＶのような〝ザッピング〟がない。

ＥＸＩＬＥさんのファンはＥＸＩＬＥのページにダイレクトに飛ぶし、僕のファンは僕のページにダイレクトに飛ぶ。テレビのようなザッピングがないから、ＥＸＩＬＥファンが、キングコング西野のイベントを知る機会はない。つまり、『チケットぴあ』上で、ファンが増えることはないのだ。

ところが、手売りだと「やっぱり、もう一枚」となり、僕に興味がない友達の分も買ってくれたりするので、ファン層が広がる。棚からボタ餅だった。

そして、もう一つ。

直接手売りをして、同じ時間（時に寒空の下）を共有することで、「僕達、私達も、このライブを成功させよう」という仲間意識が生まれる。
お客さんがライブの作り手側に回ってくれるのだ。
これも手売りならではの収穫だった。

2000人相手の独演会のチケットは2014年も、2015年も完売したが、しかし、2000人の集客をコンスタントに続けていくのが大変であることには違いない。
しかも2016年は4000人ときた。2015年から2016年にかけてブレイクしたわけでもないのに、何を血迷ったか、人数を倍にしてしまった。酔っ払っていたのだ。

毎年、独演会が終わる度に「これから、また2000枚か……」という気持ちになるのだが、これを、さらに大きい規模で続けていかないとテレビに「NO」を出せない。

そして、周りを見ると、たしかな実力があって、確実に客を笑わせている〝ライブ芸人〟が次々に解散・引退していって、皮肉にも「芸人はライブでは食っていけない」という説を次から次へと証明している。

僕は「ライブで食っていけるようにならないと、テレビを面白くできない」という考えなので、お笑いライブの集客の自転車操業を終わらせる必要があった。


そんな時だ。

独演会を観に来てくれたお客さんが終演後に近所の居酒屋で呑んでいるツイートをあげているのを見つけてしまった。

たぶん、これまでだったら普通にスルーしていた案件だけど、この時ばかりは身体に雷が走った。「なぜ、こんな当たり前のことに今まで気がつかなったのだろう？」と。

僕はこれまで、ヒーヒー言いながら集めた「２０００人」というエネルギーを、終演と同時にリリースしてしまっていたのだ。

独演会に来たお客さんは、終演後、近所の『すしざんまい』とかに流れ、独演会の時間やチケット代以上のものを『すしざんまい』に落としていく。

じゃあ、お客さんが『すしざんまい』から独演会に流れてきてくれるかといえば、それはない。

『すしざんまい』の社長が僕のところに来て、お礼がてら「すしざんまいっ！」というギャグを披露してくれるわけでもない。

お笑いライブに集めたエネルギーを、ただただ『すしざんまい』に垂れ流していたのだ。

だから、毎年毎年、0から2000人をヒーヒー言いながら集めるハメになる。これが、お笑いライブが自転車操業になってしまっている原因。

我々、お笑い芸人は、もう何十年もここから前に進めていない。

ちなみに、『すしざんまい』の寿司は美味しい。


とにもかくにも、この自転車操業を卒業するためには、新しい仕組みを作らなければならない。

どうするか?


たとえば、独演会に来てくれたお客さんに対して、「独演会のチケットの半券を○○という居酒屋さんに持っていけば、ビール1杯無料」と自分達が管理している居酒屋にアテンドしてあげる。

その居酒屋の店員さんの洋服がとにかくオシャレで、「それ、どこで買ってるんですか?」と訊かれた時に、「○○というショップだよ」と、自分達が管理している洋服屋さんにアテンドして、そのショップ店員の髪型が最高にイケていて、「どこで、髪を切ってるんですか?」と訊かれた時に、「これは、○○という美容室で……」と自分達が管理している美容室にアテンドして、その美容室で「今度、西野のライブがあるらしくて……」と。

こんな感じで、皆でお客さんをシェアし、エネルギーをリリースするのではなく、循環させて再び戻ってくる仕組みさえ作れば、「ゼロから2000人を集める」ということはなくなり、翌年は少し助走がついた状態で集客をスタートさせることができる。

そして集客を伸ばし、果てはテレビと駆け引きをできるぐらいまでになれるんじゃないかな？

つまりテレビを面白くすることができる。

一見、すんごい遠回りだけれど、テレビを面白くするには、これが一番近道で、結論を言うと、「町」を作るしかない。

この町の目的は、世界観と財布を一つにして、お客さんとお金を循環させる経済圏を作ること。まあ、分かりやすく言えば、ディズニーランドだよね。

これが上手くいけば、たとえばビールの売り上げをライブの制作費にまわすことも可能で、つまるところ、ライブのチケット代をゼロ円にすることも可能だ。

38

集客のこと

なんばグランド花月と歌舞伎座の共通点は「お客さんの1日をコーディネートできている」ということ。

今のところ、僕の目標は劇場を中心に配置した町『おとぎ町』を作ることなんだけど、もちろん作るだけでは意味がなくて、ちゃんと回転させなきゃいけない。

そこで議題に上がるのが「どうすれば、お客さんに来てもらえるか？」という問題。

これは劇場運営者だけでなく、店舗経営者や、町おこしに励む地方自治体にも通ずる由々しき問題だ。

はてさて、どうすればお客さんに来てもらえるのだろうか？

現時点での僕の考えをまとめたので、ここに記しておく。

我らが吉本興業は全国各地に劇場を保有していて、空席が目立つ劇場もあれば、大阪にある『なんばグランド花月』のように、８００席キャパで、1日3〜4回転させても、365日満席というバケモノ劇場もある。

この違いは何だろう?

最初に思いつく理由としては、その日の出演者のラインナップだ。当たり前だけど人気者が出ていれば、お客さんも動く。それも確かにあるかもしれない。

しかし理由がそれだけならば、東京のド真ん中にあり、テレビのトップクラスの人気者ばかりが出ている『ルミネtheよしもと』の説明がつかない。

正直に白状すると『ルミネtheよしもと』は空席が目立つ日があり、お世辞にも「連日満員」とは言えない。

となると理由はタレントのマンパワーだけではなさそうだ。

ここで一旦、外に目を向けてみる。

吉本興業に関係なく「連日満員」の劇場はどこだろうか？

パッと頭に浮かんだのが『歌舞伎座』、そして、ディズニーシーの中にある『ブロードウェイ・ミュージックシアター』だ。

どちらも大きな劇場で、簡単に客席が埋まるキャパシティーではないが、どっこい連日満員である。

では、なんばグランド花月と歌舞伎座、そしてブロードウェイ・ミュージックシアターの共通点は何だろう？

それは、「お客さんの1日をコーディネートできている」ということだと思う。

歌舞伎座は移転前も移転後も、隣に喫茶店が必ずある。

そこへ行ってみると、このあと歌舞伎を見るオバチャン達が同窓会のようにたむろし、1〜2時間ほど四方山話に花を咲かせ、その後、歌舞伎を3時間ほど観劇し、終演後は自分へのご褒美とばかりに銀座の街に繰り出していく。

なんばグランド花月もそうだ。ユニバーサルスタジオジャパンで遊んで、たこ焼きを食べて、なんばグランド花月でお笑いを見て、終演後はお好み焼きを食べに行く。

なんばグランド花月は、その周りに食やエンタメが揃っていることで、より観光スポットとしての輝きを放っているわけだ。

ディズニーシー内にある劇場に関しては説明の必要もないだろう。

だからと言って、「ソフト（演目）のクオリティーはどうでもいい」というわけではなく、この3つの劇場は、ソフトもキチンと充実させた上で、さらに、お客さんの1日をコーディネートできている。

旅行で考えると、もう少し想像しやすいかもしれない。

たとえば、ほとんどの人が「別府温泉いいなぁ」と一度くらいは思ったことがあるとは思うんだけど、実際に別府まで足を運んでいない。

温泉だけでは足が動かないのだ。温泉に入る前、出た後に何をすればいいか分からないから。

しかし、同じ日に「別府の友人の結婚式」と「好きなアーティストのライブの別府公演」が乗っかってくると、「温泉もあるし、行こう！」となる。

1日のコーディネートができるから。

以前、僕も大分で独演会をしたんだけれど、その時は全国からお客さんが集まった。気になったので、理由を聞けば、「一度、大分に行ってみたかった」という。実は、独演会のニューヨーク公演をした時もそうだった。前からニューヨークに行ってみたかった人達が「ついでに独演会が観れるのなら」と日本から足を運んだのだ。

これだよね。

逆に考えると、皆が「一度行ってみたいなぁ」と思っているような場所でライブをしてみると、たとえ物質的距離は遠くても、心理的距離が近く、都内よりも足を運んでもらいやすいかもしれない。

集客のカギはソフトの充実だけでなく、お客さんの1日のコーディネートにあるんじゃね？　という話でした。

39

ライバルはAEON

『おとぎ町』の実現は僕の最大の目標で、
ライブを中心に置いた経済圏を
作ってしまえば、ライブのチケット代を
ゼロ円にすることができる。

自分の言っているコトが身の丈に合っていないことぐらい百も承知で、だけど口にしていかないと始まらない。口にすることを我慢すると、未来の広がりまで抑えることになる。

事実、言う前よりも目標に近づいているので、今日も膝をブルブル震わせながら、言う。

『おとぎ町』の実現は僕の最大の目標で、前にも書いたけど、ライブを中心に置いた経済圏を作ってしまえば、ライブのチケット代をゼロ円にすることができる。

では「何故、ライブをゼロ円で届ける必要があるの？」という疑問に対する説明なんだけど、これについては、ライターの鳥井さん（@hirofumi21）という方がネットに投稿されていた「有料課金モデルで高めるべきは、コンテンツの『クオリティー』ではなく、受け手側との『距離感』にあんじゃね？」という考察から掘り下げていうと、シックリくる。

クオリティーの高いものを届けたいと思うのは作り手側のエゴで、「クオリティーはそのままでいいから、距離感を縮めて欲しい」と願うのがファン心理ではないかと鳥井さんは記事に綴っていた。


たとえば音楽ライブの座席。

披露される内容は一緒だけれど、B席とS席とでは値段が違う。アーティストから近ければ近いほど値段が上がるわけだ。つまり価値があるわけだ。

さらに言えば、海外アーティストなんかが時々やっている〝バックステージを見学できる〟という高額のチケットなんてのもある。では、そのバックステージの高額チケットを買ったお客さんが何を求めているかというと、〝ステージ上の演奏よりもクオリティーの高い演奏〟ではなく、メイクを落としたり、たわいもない話をしたりしているアーティストさんの〝オフの姿〟だ。まさに距離感だよね。

なるほど、これは言い得て妙だと思った。

身近な例だと、若手芸人のお笑いライブは、ゴリゴリの新ネタライブよりも、どちらかというと、ファン感謝祭的な要素の強いライブのほうがお客さんを動員しやすい。

そう考えると、ＣＤが売れないのなんて当然の話なんだよね。何度も録り直して、何度も編集をして、クオリティーとしては最高峰だけど、ＣＤを買ったところでアーティストとの距離が縮まるわけではない。ならば、多少音質が落ちようが、０円のＹｏｕＴｕｂｅで聴けばいい、となる。作り手が追求している〝クオリティー〟は、お客さんの購買理由の1位にはきていない。つまり、CDには価値がないわけだ。

しかし、ここに「握手券」を付けると、一気に価値が出る。アーティストとの距離を縮めることができるからだ。

だからと言って、「クオリティーは低くてもいい」という話ではない。あくまでも、お客さんがお金を払う理由（=価値）は「距離」にあるという話。

そうすると、何に価値があって、何に価値がないのかが以前よりも明確に見えてくる。

それでいえば、音楽ライブは距離を縮めることができる場だ。

長渕剛さんのライブに足を運ぶお客さんなんかは、開演前に円陣を組んで「行くぞ、オー！」てな感じで叫び、距離を縮めるどころか、お客さんが一丸となって、ライブを成功させようとしているのだ。

長渕さんだけに限らず、アイドルなどのライブに足を運ぶお客さんも、半分ライブの出演者になることでグッと距離を縮めている。これはＣＤでは絶対に生むことができない。

落語や演劇も会場に足を運ぶことで、物語の中に入ることができ、心理的な距離を縮めることができる。

ところが、お笑いライブとなると、芸人は与える一方で、お客さんは受ける一方。

冒頭は多少の客イジリこそあれ、あとは、ステージ上の芸人のやりとりを観るだけ。これは、どちらかというとテレビやＹｏｕＴｕｂｅといったエンタメに近い。お笑いライブに足を運んでも、音楽ライブほど距離を縮めることができないわけだ。

つまり、音楽ライブほどの価値が、お笑いライブにはないわけだ。くれぐれも言っておくけど〝価値がない＝面白くない〟ではない。「お金を払う理由になっていない」ということ。

「テレビのようなモノになっている」と考えてもらえれば、スッキリするかもしれない。どれだけ面白いテレビ番組を見ても、その番組にお金は払わない。

でもって、価値がないのであれば、テレビやＹｏｕＴｕｂｅのようにゼロ円で提供すればいい。ただ、ゼロ円で提供してしまうと、ステージセットを組んだり、出演者さんやスタッフさんにギャランティーをお支払いできず、ライブそのものを作れなくなってしまう。なので、無料ライブの制作費を捻出するための経済圏を作っちゃう。

これを僕らの身近なところでやっているのが、『AEON』をはじめとするショッピングモールだよね。モール全体の売り上げから、週末にはステージを組んで、芸人やアーティストさんの無料ライブを開催している。あれを僕達の手でやっちゃおうってわけ。

40

おとぎ町ビエンナーレ

「町を作らなきゃ未来がない」と
言い続けていたら、ある時、
青山にある伊藤忠商事さんの
本社に呼び出された。

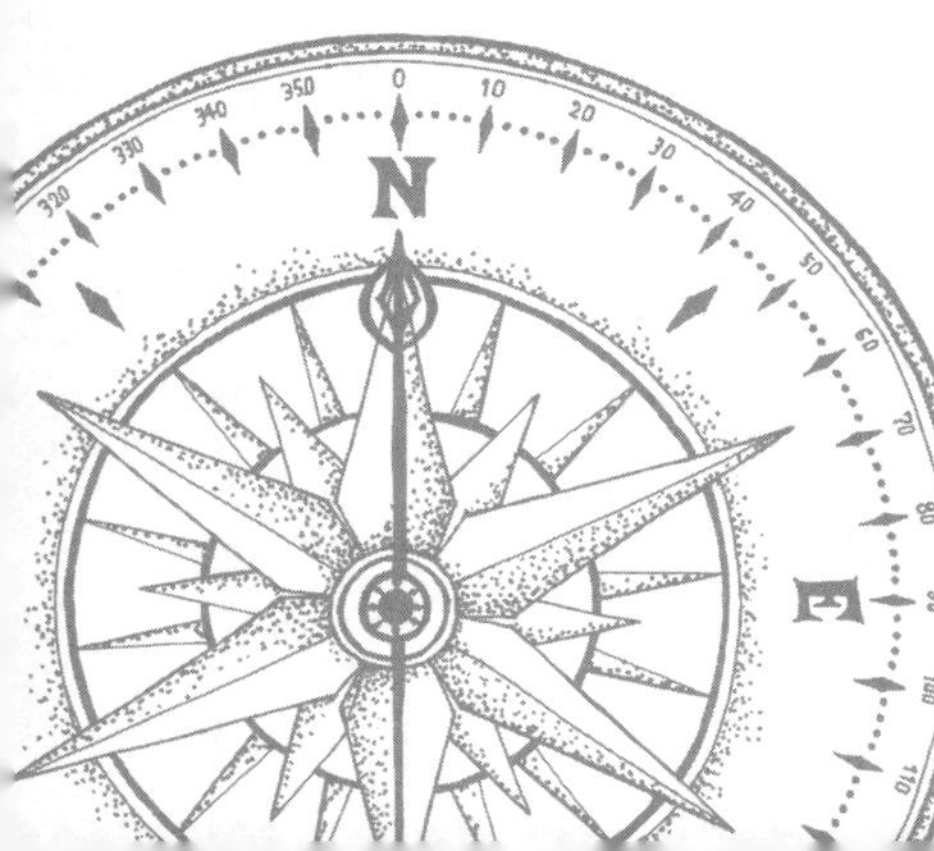

そりゃ「町を作る」と言いだした時なんて散々だった。

世間的に〝芸人〟とは職業名で、漫才や、コントや、ひな壇や、グルメ番組などに参加する人達のことであり、その業務内容に「町作り」なんてものは含まれていないもんだから、「なんで、芸人が町を作るんだ！」とギャンギャンうるさい。

とにかく自分が理解できないモノを否定して、とにかく皆が一緒じゃないと落ち着かないらしい。

「へぇー。町を作るんだ。まぁ、そういう奴がいてもいいんじゃね？　俺には関係ねーし」とは、なかなかならないらしい。

そうして散々っぱら揶揄《やゆ》されながらも、「町を作らなきゃ未来がない」と言い続けていたら、ある時、青山にある伊藤忠商事さんの本社に呼び出された。

「キミの考えていることを詳しく聞かせてくれ」的なことを言われたので、時代が「体験」や「距離」を求めはじめていることや、「ライブに集めたエネルギーをリリースするのではなく、循環させたほうが効率が良い」といったことなど、あれやこれやと話した。

当初、伊藤忠商事さんは、個展会場として本社ビル横の地下1階にあるギャラリーを提供してくれようとしていたんだけれど、「個展じゃ意味がないです。そこに来る理由が一つだと人は動きません！ステージがあって、キッズスペースがあって、迷路のような空間があって、三角フラッグがたなびき、アイリッシュ音楽が四六時中流れていて、カフェがあって、ビアガーデンがあるような町を作りましょう。その町の壁に絵を飾ったほうが、結果的に絵が多くの人に見つかりますよ」とギャーギャー言ってみた。

ギャーギャー言ったかいもあり、2015年8月の1か月間、東京青山のド真ん中で、町をテーマにした『おとぎ町ビエンナーレ』という個展を開催させていただくことになった。ありがとう伊藤忠商事さん。

「なんだか面白そうだし手伝うよ」と手を差しのべてくれたスタッフは設営、そして撤収までを合わせると総勢200名を超えた。来場者数1万人を目指す過去最大規模の個展である。

普通に個展をするだけならば、ギャラリーの壁に絵を掛ければいいんだけど、僕らが作るのは『おとぎ町』という夢の町。

ステージがあって、酒場があって、キッズスペースがあって、路地があって、もちろん外観までゴッソリとデザインした。

おとぎ町は、数百個の木箱（りんご箱）をLEGOブロックのように組んで作ることにした。東北の農園から、巨大トレーラーで運んできたのだ。

当然、数百万円レベルで費用がかかってくるので、独演会のDVDの売り上げの残りと、クラウドファンディングで、ヒーヒー言いながら制作費を工面した。

集客も本気。

期間中、会場から徒歩5分の場所にある草月ホールという劇場も貸し切り、そこで『テイラー・バートン』という演劇を打ち、会場から徒歩1分のイベントスペースを貸し切り、そこで『サーカス！』という学校イベントも打った。

『テイラー・バートン』『サーカス！』のチケットの備考欄には、

『おとぎ町ビエンナーレ』の案内をバッチリと書いて、『おとぎ町ビエンナーレ』を通り道にした。

お金の集め方、人の集め方、セカンドクリエイターの動かし方、作品の売り方など、これまで培ったノウハウを全てブチ込んだ『おとぎ町ビエンナーレ』は連日大盛況。

アイリッシュ音楽が三角旗をたなびかせ、木箱の路地を子供らが走り回った。大人は昼間から酒場でハメを外し、ステージ上で繰り広げられる音楽ライブや寸劇にヤイヤイ言っていた。

僕のアトリエも会場内に構えていて、1か月間、そこで仕事をしていた。たしか、その時は声優の平野綾さんのライブTシャツのデザインをしていたっけ。

出口で販売していた絵本は、1か月で数千冊売れた。

結果、来場者数は1万人を突破。

毎日、夢の中にいるようだった。なんだったんだろ、あの1か月は。

『ビエンナーレ』というのは2年に1回開かれる美術展覧会のことで、当初は「ビエンナーレとか言ってたら、2年おきに、どこかの誰かが『そろそろやります?』とか言ってくれて、あわよくば続けていけるんじゃね?」ぐらいの気持ちで、『おとぎ町ビエンナーレ』と謳った。

ところが、開催期間中にいろいろあって、スタッフとは「これは、なんとしてでも続けていかないといけないね」という話になった。

あの夏、何があったかは今回の本で語ることではないので、また、いつか。

41

埼玉に『おとぎ町』

「町を作る」と言い続けては
叩かれ続けていたけれど、
僕も、僕の周りの連中も
伊達や酔狂じゃなく大真面目。

あの夏、『おとぎ町ビエンナーレ』に入り浸っていた連中が中心となって、個展終了後も、宗教でもない、会社でもない、『おとぎ町』という家族のような概念が残った。

大阪でも、独演会や音楽ライブや演劇や飲食やアレやコレやが入り混じった1日限りの『おとぎ町』が開催され、「おとぎ町が大阪であるってよ」と全国から人が集まった。

日本最大のクリエイティブフェス『東京デザインウィーク』からも声がかかり、大規模な『おとぎ町カフェ』が作られた。今度は木箱2000個だった。

皆で、深夜まで設営にあたった。

『おとぎ町』の中心にいるのは、僕でもホームレス小谷でも誰でもなく、〝町〟。僕らは町のファンになっていたのだ。面白い方向にコロコロと転がり始めた。

その後も僕は、テレビや取材などで「町を作る」と言い続けては叩かれ続けていたんだけれど、僕も、僕の周りの連中も伊達や酔狂じゃなく大真面目に町を作ろうとしていた。

そんな中、埼玉の大きな土地を提供してもらえるという話が舞い込んできて、さっそく土地のオーナーさんに会いに行った。

オーナーさんは土地を案内してくださり、「ここを自由に使ってください」と言った。なんと、僕の絵本を持っていて、『東京デザインウィーク』の『おとぎ町カフェ』にも足を運んでくださっていたのだ。

「ああいう世界が本当に再現できるのなら」と。

もっとも、この大きな土地を提供してくださった理由はそれだけではない。

土地には「地目」という〝その土地の使い道〟が国から定められていて、地目が「宅地」でないと、建物を建てられないのだ。

畑を耕す予定もなく、建物が建てられない場所なので、さすがに持て余しておられたのかもしれない。

しかし、調べてみると、法の抜け道はあって、建物に車輪を付けてしまえば「車両扱い」になるらしい。これだと宅地でなくても大丈夫だ。だって車両だもの。

キャンピングカーを並べてもいいかもしれない。

すり鉢状の客席を作りたいと思ったんだけれど、さすがにこれは車輪を付けても「車両」と言い逃れることはできない。

どうしようか、と考えていた時に「すり鉢状に地面を掘ればいいんじゃね？」と誰かが言った。名案だ。

そうすれば、そこは客席ではなく、「穴」だ。

地面をならす（固める）にはお金がかかる。さて、どうしましょ？

また誰かが、「５００〜６００人を招待して、無料ライブを開催すればいいんじゃね？」と言った。５００〜６００人が歩き回れば、地面も固まる。

バカみたいでしょ？

本気でこんなことをやってる。

今度は皆で井戸を掘るのだ。

42

時代が次に求めるモノ

安全も、お金も食も高度なシステムも
手に入れて、みんなコミュ障になった。
この国の国民が次に求めるものは
「ネタ」。

ナンダカンダ言っても、日本というのは超恵まれた国だと思う。

帰宅後、「今日、レイプされなかったー。良かったー」と思う女性は、この国ではあまりいないハズだ。餓死することもなければ、凍え死ぬことも、あまりない。

遠くに行きたければ電車に乗ればいいし、喉が渇けばコンビニに行けばいい。安全は手に入れたし、お金も手に入れた。誰が何と言おうと先進国だよね。

技術水準も生活水準も上がった国では、面倒なことは高度にシステム化されたウンタラカンタラに任せて、各々が住まいやスマホといった「マイスペース」を持つようになり、どうしたって、他人との接触面積が小さくなる。

協力して井戸を掘ることもないし、お隣さんの引っ越しを、村を上げて手伝うこともないのだ。

これが、どんな事態を招くかというと〝国民総コミュニケーション障害時代〟だよね。これは先進国の運命で、避けることはできない。コミュニケーションをとる機会が減るんだから、コミュニケーション能力が落ちるのは至極あたりまえの話だ。石を投げれば人見知りに当たる。

安全も手に入れた。お金も食も高度なシステムも手に入れて、そしてコミュ障になった。さあ、この国の国民が次に求めだすものは何か?

ズバリ、「ネタ」だと思う。ネタさえ持っていれば、それほどトークスキルがなくても会話に入っていくことができるから。弱点だったコミュニケーション問題を解決することができるから。

ネタには「自慢ネタ」「情報ネタ」など、いろいろ種類があるけれど、ことコミュニケーション問題を解決するのに最も適しているのは「自虐ネタ」だろう。これからの人達は〝軽く笑える不幸〟に時間とお金をかけるようになるんじゃないかな?

そこで実験。

大凶以下しか入っていない『クソおみくじ』というものを作って、イベント会場に設置してみた。

おみくじ箱の中には「理由もなくプロボクサーに殴られます」「水を飲んでも太ります」などが書かれた『ゲロ凶』『ブタ凶』など、ハズレしか入っていない。

しかし、こいつが大ヒット。現在、クソおみくじは、イベント会場で引っ張りだこ。

お客さんは「ハズレしかない」と分かっているのに、次から次へとクソおみくじを引き、「なんだよ、ふざけんなよぉ～」と言いながら、自分が引いたクソおみくじをＳＮＳにアップするスットンキョウを繰り返している。

皆、お金を払って不幸を買っているのだ。

人の動きを読んで、少し先回りして遊びを仕掛ける。

こんなことにハマってます。

43

仕事になるまで遊べ

今後、親が子どもに言うのは
「遊んでばかりいちゃいけません」じゃなくて、
「仕事になるまで遊びなさい！」だね。
どうやら面白い未来が待ってるよ。

２０４５年には口ボットの人工知能が人間を超えちゃうらしい。

その時、ロボットのＩＱが1万だってんだから、もう歯が立たない。

映画みたいにロボットが人間を支配する時代が来るかはさておき、今ですらロボットタクシーなんて言葉がチラホラ聞こえてくるから、人間の「仕事」は次々とロボットに奪われていくだろうね。

これは仕方がない。べつに今始まったことじゃないもん。もともと、ほとんどの仕事には寿命がある。

スマホの登場で町の写真屋さんは潰れたし、電車や車という選択肢が生まれて、峠の茶屋は片っ端から潰れた。自動改札機ができたことで職を失った人もいるだろう。

時代は止まらない。そして環境に適応できた種だけが生き残る。地球上のルールは、植物も動物も人間も「適者生存」だ。

だから僕らは、環境の変化に常に気を配り、しなやかに順応していかなければならない。

こと芸人に関していえば、「芸人」の定義を〝肩書〟にして、動きを制限している場合じゃないんだよ。ＳＭＡＰさんがお笑いに進出した日から、明らかに活動面積が減ってるじゃないか。

ロボット（機械）の進化と仕事に話を戻すと、まもなくロボットに奪われる仕事なんて山ほどある。

商店のレジ打ち係や、箱詰めや積み荷降ろしなどの作業員や小売店販売員。会計士なんかも時間の問題じゃないかな。

こんな未来がまもなく確実にやってくる。

その時、ステレオタイプの親父が口にする「好きなことで食っていけるほど人生は甘くない！」という人生訓は、まったく的が外れていて、好きでもない仕事は、これから更にロボットが奪っていくんだから、人間に残されたのは〝とても仕事とは呼べない好きなこと〟しかないんだよね。

たとえば「旅」だったり、「グルメ」だったり。いうなれば、趣味だよね。さすがのロボットも、趣味には手を出さないから。

「好きなことで食っていけるほど人生は甘くない！」という時代から、「好きなことで生きていく」を追い求める時代になり、これからは「好きなことでしか生きていけない」という時代が間違いなくやってくる。

なもんで、土日の休日に好きなことをするために、月〜金は会社で苦行に耐えるみたいな生き方をしている人は、ちょっとヤバイんじゃないかな？

年がら年中趣味に時間を費やして、その趣味をマネタイズできる仕組みを発明しないことには、どうにもこうにも。

そもそも「好きなことで食っていけるほど人生は甘くない！」なんて傲《おご》りだよね。

たとえば、ロックンロールが好きだけど、それでは生活ができないから、しぶしぶ引っ越し屋さんで働くことにしたとする。

ただ、その世界には〝引っ越し業が好きで好きでたまらない奴〟がいるわけで、じゃあ、しぶしぶ引っ越し業を選んだ人間が、そんな奴に勝てるの？　という話。

こっちがロックンロールのことを考えているぐらい、相手は四六時中、引っ越しのことを考えているわけだ。あまりにも分が悪い。

そこにダメ押しで、2045年問題だ。

もう好きなことでしか食っていけなくなる。

今後、親が言うのは「遊んでばかりいちゃいけません。仕事をしなさい」じゃなくて、

「仕事になるまで遊びなさい！」だね。

どうやら面白い未来が待ってるよ。

おわりに

僕らは今、この瞬間に未来を変えることはできないけれど、
過去を変えることはできる。
過去の変え方は様々。
たとえば、貧乏したことや、
女の子にフラれたこと、
起業に失敗したこと。
そういったネガティブな過去を、人前に晒してネタにすると、目の前にいる人達が笑ってくれて、その瞬間、ネガティブな過去が輝きはじめる。
「貧乏して良かった」と思える。
「女の子にフラれて良かった」と思える。
「起業に失敗して良かった」と思える。

一歩踏み出せば、価値観を変えてくれるような景色に出会えるだろう。
一生の友に出会えることもあるだろう。

一方で、失敗もあるだろう。
挫折もするだろう。
痛みを知るだろう。
涙する夜もあるだろう。
ただ、そんなものは大した問題じゃない。恐れる必要はない。
失敗も、挫折も、痛みも、涙した夜も、
いつかは必ず過去になる。
そして、そのとき僕らは、その過去を変えることができる。
失敗したところで終わるから「失敗」が存在するわけだ。

何度失敗しようが、
その度に工夫し、
ネガティブな過去をポジティブなものへと転換し、
成功するまで続ければ、
それらの失敗は全て、成功のために必要な部品となる。
失敗なんて存在しない。
失敗を存在させているのは、いつだって自分自身だ。
たしかに、どうにもならないコトが世の中にはあるけれど、大丈夫。
大体のコトはどうにかなる。
あなたが何かに挑戦し、結果が出ずにジタバタしているとき、外野にいる連中は、「迷走してるの?」と、あなたのことを笑うだろう。
そんなときは、こう返してやればいい。
「うん。迷走してるよ。キミみたいに、誰かが舗装してくれた道を歩いてないからね」
大丈夫。きっと上手くいくよ。

コケたら起きればいい。
踏み出そう。

ドキドキしてる？

この本を読んでのご意見・ご感想をお待ちしております。
《宛先》　〒104-8357　東京都中央区京橋 3-5-7
株式会社主婦と生活社　週刊女性編集部
「魔法のコンパス　道なき道の歩き方」係

※お送りいただいた個人情報は、今後の編集企画の参考にのみ使用し、
他の目的には使用いたしません。詳しくは当社のプライバシーポリシー
(http://www.shufu.co.jp/privacy) をご覧ください。

装丁・本文デザイン：小熊千佳子
表紙・本文イラスト：門川洋子
編　集：芹口由佳

魔法のコンパス　道なき道の歩き方

著　者：西野亮廣

編集人：寺田文一
発行人：倉次辰男
発行所：株式会社主婦と生活社
〒104-8357　東京都中央区京橋 3-5-7
編集部 TEL.03-3563-5130
販売部 TEL.03-3563-5121
生産部 TEL.03-3563-5125
http://www.shufu.co.jp/
製版所：朝日メディアインターナショナル株式会社
印刷所：大日本印刷株式会社
製本所：株式会社若林製本工場

ISBN978-4-391-14919-7